ORGANIZANDO SEU LOCAL DE TRABALHO

Um Guia para Produtividade Pessoal

Tradução
Tata Novello

Caro Leitor,

A Qualitymark está utilizando o
Papel Pólen, o primeiro papel
especial para leitura, que reduz
o reflexo da luz. Sua tonalidade areia
permite uma leitura confortável
e prolongada.

ODETTE POLLAR

ORGANIZANDO SEU LOCAL DE TRABALHO

Um Guia para Produtividade Pessoal

Copyright© 1998 by Crisp Publications, Inc.

Todos os direitos desta edição reservados à Qualitymark Editora Ltda.
É proibida a duplicação ou reprodução deste volume, ou de parte do mesmo,
sob qualquer meio, sem autorização expressa da Editora.

Direção Editorial
SAIDUL RAHMAN MAHOMED
editor@qualitymark.com.br

Produção Editorial
EQUIPE QUALITYMARK

Capa
WILSON COTRIM

Editoração Eletrônica
PAROLE INFORMÁTICA

1ª Edição: 1998
1ª Reimpressão: 1999

CIP-Brasil. Catalogação-na-fonte
Sindicato Nacional dos Editores de Livros, RJ

P834o   Pollar. Odette
          Organizando seu local de trabalho: um guia para produtividade pessoal/Odette Polar;
        Tradução Tata Novello — Rio de Janeiro: Qualitymark Ed., 1998.

        Tradução de: Organizing your workspace
        Inclui bibliografia
        ISBN 85-7303-185-9

        1. Escritórios — Administração. 2. Prática de escritório. I. Título.

98-0784   CDD 658.3
                                                                  CDU 651

1999
IMPRESSO NO BRASIL

Qualitymark Editora Ltda.
Rua Felipe Camarão, 73
20511-010 — Rio de Janeiro — RJ
Tels.: (0XX21) 567-3311-567-3322
Fax: (0XX21) 204-0687

www.qualitymark.com.br
E-Mail: quality@qualitymark.com.br
quality@unisys.com.br
QualityPhone: 0800-263311

INTRODUÇÃO

Este livro é para você que, explorando pilhas em sua mesa, disse: "Posso achar qualquer coisa", e depois não pôde. Destina-se a todos que têm apenas um sistema de organização chamado pilhagem vertical, e àqueles que possuem cinco, seis ou talvez 10 sistemas de organização distintos, um para cada aspecto de seu trabalho.

Organizando seu Local de Trabalho é para você, caso:

- Esteja se afogando lentamente em um mar de papéis.

- Os computadores pareçam estar gerando, no seu dia-a-dia, mais papéis do que eliminaram.

- Guarde a maioria do papéis que atravessam sua mesa por nunca saber quando vai precisar deles novamente.

- Grande parte de seu dia pareça ser preenchida de papéis embaralhados que realmente impedem a realização de trabalhos mais importantes.

- Esteja aturdido e confuso sobre onde colocar todos aqueles memorandos, relatórios, rascunhos, contas, revistas, correspondências, documentos diversos e cartas que chegam até você.

Ser desorganizado é como girar em uma roda-gigante. Há a sensação de movimento mas, quando o divertimento acaba, se está no mesmo local em que se estava quando ele começou. Muitas pessoas falam sobre ser organizado, mas, de certa forma, nunca conseguem ser. Não você. Você está pronto para atacar o problema antes que ele prossiga.

Sejam quais forem seus desafios para gerenciar papéis, saiba que não está sozinho. Em todas as pesquisas realizadas nos últimos 20 anos, lidar com papéis de trabalho sempre fica no topo das 10 atividades que geram mais perda de tempo dos gerentes. Seja qual for seu cargo – contador, empresário, assistente administrativo, gerente, advogado, executivo –, este livro irá ajudá-lo a *tornar-se* e *permanecer* organizado. Através de exercícios, listas de verificação (*checklists*) e exemplos de fácil assimilação, nós o ajudaremos a sair de debaixo dos papéis e ficar em cima deles. Há uma especial e fácil seção de referência com listas de verificação e quadros para uma rápida revisão. Este livro pode ser usado como suporte, à medida que encontrar dificuldades no gerenciamento de seu local de trabalho.

Boa sorte no intuito de se tornar mais organizado!

Odette Pollar

SUMÁRIO

INTRODUÇÃO v

SOBRE A AUTORA vi

SEÇÃO 1 POR QUE SE ORGANIZAR? 1
   Sim, Você Pode se Organizar 3
   Benefícios de Ser Organizado 4
   Princípios-Chave 5
   Onde Você Está Agora? 6

SEÇÃO 2 COMO O ACÚMULO COMEÇA? 9
   A Propósito, o que É Falta de Organização? 11
   Como se Desenvolve o Acúmulo de Papéis? 12
   Bloqueios à Organização 13
   Três Bloqueios Mentais Comuns 14

SEÇÃO 3 POR ONDE COMEÇAR? 17
   Defina seus Objetivos 19
   Por Onde Começar? 20
   As Estantes: Reduza, Identifique, Redistribua 21
   Redistribuir: Como Fazer Isto? 22
   Lidando com as Exceções 23
   Resumo 24

SEÇÃO 4 SUA ÁREA DE TRABALHO 25
   O Armário 27
   As Gavetas de sua Mesa 28
   Equipamentos 29
   As Gavetas de Arquivos 30
   Limpando suas Superfícies de Trabalho 31
   Como Está se Sentindo? 32
   Resumo 33

SEÇÃO 5   ARQUIVANDO E ENCONTRANDO **35**
   Erros Comuns de Arquivamento 37
   Diretrizes de Arquivamento 38
   Definindo seus Arquivos por Assunto 39
   Princípios de Arquivamento 41
   Informações Adicionais sobre Arquivamento 46
   Como Manter seu Sistema de Arquivamento 48
   Resumo 49

SEÇÃO 6   GERENCIANDO SUA MESA E SEUS PAPÉIS **51**
   A Superfície de sua Mesa 53
   Longe dos Olhos, Longe do Coração 54
      Agendas 54
      Listas de Coisas Diárias a Fazer 55
      Lista de Projetos 56
   Acompanhamento de Tarefas Delegadas 57
   Resumo 60

SEÇÃO 7   REMOVENDO AS PILHAS **61**
   Impedindo Perdas 63
      Arquivos de Apontamentos 64
      O Arquivo Próxima Semana 65
      Sobras 65
   Mantendo sua Organização 66

SEÇÃO 8   GERENCIANDO SUA CORRESPONDÊNCIA E SUA LEITURA . 67
   Classificando a Correspondência que Chega 69
   Gerenciando a Leitura 72

SEÇÃO 9   RÁPIDA REVISÃO, GRÁFICOS E LISTAS DE VERIFICAÇÃO . 75
   Revisão: Tornando-se Organizado de A a Z 77
   Revisão: Limpando a Superfície de sua Mesa 82
   Mantenha a Bagunça Longe Permanentemente 84
   Lista de Verificação: Monitore seu Progresso 85

SEÇÃO 10   UM LEMBRETE DE AMIGO **87**
   Uma Palavra Final 89
   Bibliografia 91

SEÇÃO 1

Por que se Organizar?

SIM, VOCÊ PODE SE ORGANIZAR

> "Eu me organizarei assim que encontrar tempo."
>
> "Ninguém em minha posição pode ser organizado."
>
> "Não sei como."
>
> "Tenho um grande sistema. Simplesmente deixo as coisas acontecerem e, se houver algo realmente importante, alguém chamará atenção para o fato!"
>
> "Pessoas organizadas são tediosas."
>
> "Sou um artista, e pessoas criativas não são organizadas."

Você já ouviu algumas destas desculpas ou as usou? Sair de debaixo dos papéis e ficar em cima deles *é* possível. As pessoas não nascem organizadas. Não há uma predisposição genética no sentido de nomear e classificar sistemas. Organização é uma habilidade fácil de se aprender.

A desorganização é emocionalmente exaustiva. Causa atrasos no trabalho, frustração, *stress* e, é claro, perda de tempo. Chegar ao trabalho segunda-feira de manhã cedo, preparar-se para enfrentar a semana e encontrar-se diante de pilhas de papéis e muito trabalho o deixa cansado e irritado. Eis você às 8 horas da manhã de segunda-feira, e já atrasado. Pense nas oportunidades perdidas, nos eventos especiais dos quais você se esqueceu por ter empilhado em fileiras os convites para só os encontrar uma semana depois. A falta de organização também faz com que a quantidade de trabalho que se tem a fazer pareça maior do que realmente é.

Independente do trabalho que você realiza, de quantas cópias de documentos são requisitadas pelo governo ou órgãos regulamentadores, de quanto o processo de vendas dure, você não tem de ser "inundado" por pilhas de papéis para conseguir realizar seu trabalho.

BENEFÍCIOS DE SER ORGANIZADO

Abaixo, há uma lista parcial de alguns benefícios que se experimentam ao se tornar mais organizado. Por favor, acrescente quantos você puder à lista.

- ❑ Maior controle sobre minha vida.
- ❑ Outros podem encontrar informações quando eu estiver fora.
- ❑ Liberdade do caos.
- ❑ Ser um bom exemplo.
- ❑ Ter mais tempo.
- ❑ _____
- ❑ _____
- ❑ _____
- ❑ _____
- ❑ _____
- ❑ _____

Na verdade, é mais fácil ser organizado do que não ser, e não há momento mais apropriado para começar a mudar do que *agora*. Seu trabalho não ficará melhor, mais fácil e calmo após esta semana, mês ou ano. Observe a lista que criou acima. Ao ir transpondo os obstáculos, certifique-se de focar os benefícios de se trabalhar de forma inteligente. Pense em quanto se sentirá melhor ao conseguir localizar os itens de que necessita logo que os procurar. Você se sentirá mais à vontade, terá melhor controle de seu trabalho e ficará menos ansioso. Pense no tempo extra que terá para ler aquelas revistas e artigos de jornais que vem guardando. Controle-se e poupe você mesmo do *stress* acarretado por sua falta de organização.

PRINCÍPIOS-CHAVE

➤ A organização torna seu trabalho e sua vida mais fáceis.

➤ A organização é uma habilidade que pode ser aprendida por qualquer um.

➤ Organizar-se é um processo que compreende duas etapas:

    1. Tornar-se organizado.

    2. Permanecer organizado.

O primeiro passo para permanecer no alto da pilha de papéis envolve classificá-los, analisá-los e categorizá-los. O segundo passo é manter-se no alto. Acompanhar seu novo modo de gerenciar os papéis e seu sistema de arquivamento é tão importante quanto defini-lo inicialmente. O sistema estabelecido por você deve ser personalizado para atender às suas necessidades de trabalho e à sua personalidade, e, ao mesmo tempo, permitir flexibilidade. Não há um processo único, perfeito, esperando para ser descoberto. Não pense que se organizar é algo complicado. Lide com os papéis da maneira mais simples possível. Mesmo que se organizar seja algo que lhe tenha causado pavor por muitos meses (ou até anos), este sentimento realmente não irá durar para sempre.

Ao desenvolver um projeto de organização, tenha em mente o seguinte:

- Defina seus objetivos.

- Perceba que não é possível fazer tudo em um dia e nem deveria ser.

- Comece devagar, uma gaveta ou prateleira de cada vez.

- Após completar uma seção, gratifique-se.

- Quando ficar cansado, pare.

ONDE VOCÊ ESTÁ AGORA?

AVALIE SUAS HABILIDADES

Como você avalia suas habilidades de manusear e organizar papéis? Marque um X no item apropriado.

1. Você tem pedaços de papel ou *Post-it*® com anotações espalhados por toda parte?

☐ **Sempre** ☐ **Às Vezes** ☐ **Nunca**

2. Você pede às pessoas que não mexam em nada em sua mesa porque, a despeito da aparente bagunça, você sabe exatamente onde as coisas estão?

☐ **Sempre** ☐ **Às Vezes** ☐ **Nunca**

3. Você guarda jornais e revistas velhos que não leu porque há algo muito importante que *deveria* ler em cada um deles? Estão as pilhas crescendo diariamente sem nenhuma perspectiva de que a situação se reverta?

☐ **Sempre** ☐ **Às Vezes** ☐ **Nunca**

4. Você ou sua equipe perdem um tempo significativo praticamente todos os dias procurando papéis e documentos desaparecidos ou perdidos?

☐ **Sempre** ☐ **Às Vezes** ☐ **Nunca**

5. Há papéis em sua caixa de entrada que tenham se tornado permanentemente pendentes sem nenhuma razão específica?

☐ **Sempre** ☐ **Às Vezes** ☐ **Nunca**

6. Você sempre acha que um pedaço de papel guardado ontem não está no lugar no qual pensou hoje, e não tem a menor idéia de onde esteja?

☐ **Sempre** ☐ **Às Vezes** ☐ **Nunca**

7. Você sempre protela a organização de seus papéis de trabalho por achar que é o único que pode arrumá-los, e não tem tempo para fazê-lo imediatamente?

☐ **Sempre** ☐ **Às Vezes** ☐ **Nunca**

8. Você acaba guardando a maior parte dos papéis que passam pela sua mesa porque não sabe quando poderá precisar deles novamente?

☐ **Sempre** ☐ **Às Vezes** ☐ **Nunca**

9. Quando está fora, o seu assistente consegue encontrar um documento que você guardou?

☐ **Sempre** ☐ **Às Vezes** ☐ **Nunca**

10. Você pode recuperar facilmente informações de seus arquivos?

☐ **Sempre** ☐ **Às Vezes** ☐ **Nunca**

11. Você tem cartões de visita em muitos locais diferentes sobre ou em sua mesa?

☐ **Sempre** ☐ **Às Vezes** ☐ **Nunca**

12. Você tem equipamentos, objetos e fotografias enchendo sua mesa, não deixando espaço para que organize seus papéis ou até para que trabalhe confortavelmente?

☐ **Sempre** ☐ **Às Vezes** ☐ **Nunca**

Adaptado de Stephanie Culp. *Conquering the Paper Pile-Up*, Cincinnati Writer's Digest Books, 1990.

SEÇÃO 2

Como o Acúmulo Começa?

A PROPÓSITO, O QUE É FALTA DE ORGANIZAÇÃO?

Se seu sistema de prioridades depende do número de marcas de xícaras de café nos pedaços de papel (indicando o quão freqüentemente flutuaram pela superfície antes de irem para o fundo novamente) ou se suas pilhas indicam um sistema de prioridades em que o canto superior esquerdo da mesa significa algo diferente do canto superior direito, enquanto itens movimentam-se de um lado para o outro, carregando todos juntos diferentes significados, você está experimentando a falta de organização.

A falta de organização não consiste em ter um projeto espalhado em uma superfície de trabalho. A falta de organização são documentos sem relação misturados. Quando mensagens, correspondências, arquivos de clientes e novas atribuições terminam todos misturados em sua mesa – isto é desorganização. O acúmulo começa quando você demora a tomar a decisão que permitirá ao documento continuar seu ciclo de vida.

COMO SE DESENVOLVE O ACÚMULO DE PAPÉIS?

Quando um pedaço de papel passa por sua mesa, você se pergunta: "Terei que consultar isto novamente?" Se responder sim, você o coloca de lado na pilha de pendências por não estar muito certo de como arquivá-lo? Fica esperando até ter ânimo para se deter no item – deixando-o de lado "apenas por um tempo"?

É bastante útil identificar onde seu atual sistema de processamento de papéis está falhando. Algumas das opções a seguir se aplicam a você? Acrescente suas próprias razões no final.

Você coloca papéis de lado quando:

_____ Tem de esperar por uma decisão ou aprovação antes de prosseguir?

_____ Tem uma carta que precisa de uma resposta consistente?

_____ Quer avistar rapidamente o documento?

_____ Estava fora por alguns dias?

_____ Um novo projeto não tem espaço definido em seu atual sistema de arquivamento? (Tudo é novo assunto ou projeto?)

_____ Não tem todas as informações necessárias?

_____ Está esperando que o ritmo tumultuado se tranqüilize antes de iniciar outro grande projeto?

_____ Não parece ter tempo suficiente *naquele* dia para cuidar do assunto?

_____ Não tem tempo suficiente para abrir as correspondências?

_____

_____

_____

_____

BLOQUEIOS À ORGANIZAÇÃO

Liste seus desafios pessoais quando pensa sobre organizar seu local de trabalho.

❑ Falta de tempo.

❑ Crescimento constante do volume de documentos.

❑ Medo de fazer pouco caso de um papel importante.

❑ Falta de vontade.

❑ Incerteza sobre como começar.

❑ _____

❑ _____

❑ _____

❑ _____

❑ _____

❑ _____

Não permita que uma experiência anterior não totalmente bem-sucedida o esmoreça agora. Releve e esqueça suas tentativas anteriores de se organizar. Não guarde lembranças daquela vez em que você finalmente se encheu e se obrigou a arrumar o armário (escritório, garagem etc.) inteiro em um dia. Você não tem de esperar até ficar totalmente desgostoso, frustrado ou, pior, até que alguém lhe ordene que se organize. Pode manter sob controle os papéis de trabalho mesmo que o volume pareça crescer todos os dias. O truque é completar todos os componentes que um documento requer na hora certa – antes da hora, antes que o prazo final vá para o inferno.

TRÊS BLOQUEIOS MENTAIS COMUNS

Tenha cuidado com três bloqueios mentais muito comuns que podem sabotar seus esforços, não permitindo que aproveite os benefícios de ser organizado.

1. O Medo de Jogar Fora

Você já disse: "Joguei uma coisa fora uma vez, e você não sabe, precisei dela novamente logo no dia seguinte!" "E se eu for auditado pelo IR e não tiver aquilo de que preciso?" "Prefiro guardar isso porque a gente nunca sabe. Pode ser útil em algum momento." "E se eu arquivar este material, ele for muito importante, e eu não conseguir me lembrar de onde o coloquei?" "Se o deixar ao lado, posso sempre o encontrar."

Todos nós já jogamos fora uma coisa que depois *poderia* ser usada novamente. No entanto: (1) Com que freqüência isto ocorre em comparação com as vezes em que jogamos itens fora e nunca mais precisamos deles? (2) Se você não se organiza faz tempo, e a acumulação é intensa, provavelmente deixaria de encontrar o que precisa de qualquer forma. (3) Praticamente tudo é substituível, e você pode obter outra cópia se realmente precisar de uma. (4) Qual a conseqüência de não ter o item? Se não tirou outra cópia, então provavelmente não valeu a desordem que isto causou inicialmente.

Jogar fora os excessos não significa destruir seu passado. Você não está apagando o passado de seu departamento ou de sua empresa. Não lhe está sendo pedido que viva em um ambiente estéril, frio, não-amigável. Você está apenas decidindo quando um item tem *valor* o bastante para garantir o tempo, a energia e o custo de sua manutenção. Caso contrário, jogue-o fora, recicle-o ou, se possível, venda-o.

Quando Jogar Fora

Tudo aquilo que não poderá, em qualquer hipótese, ser utilizado nas circunstâncias e tempo adequados e na hora certa, entre agora e o momento que você for se aposentar, não deve ser guardado. Não se pode guardar coisas simplesmente porque são interessantes. Torne *agora* seu dia-a-dia no trabalho mais fácil, eliminando os excessos.

Como determinar o que é seguro jogar fora? Eis há algumas diretrizes:

➤ É uma *duplicata*?

➤ Qual é a *época*?

➤ *Preciso* disso ou simplesmente o *quero*?

➤ *Com que freqüência* recorrerei a esta informação?

➤ Esta informação é *atual* e *relevante* para meu trabalho ou vida?

➤ Isto acrescentará algo de *novo* ao material já disponível?

➤ Tenho *tempo* para ler isto?

➤ *Alguém mais* tem esta informação?

➤ *Qual a probabilidade* de precisar disso novamente?

Quando Salvar

➤ É a única cópia.

➤ Reproduzi-la seria difícil.

➤ Rapidamente precisará recorrer à informação de novo.

➤ A lei estipula que você tem de guardá-la.

➤ É parte integrante do arquivo do cliente ou do projeto.

TRÊS BLOQUEIOS MENTAIS COMUNS (continuação)

2. O Medo de se Tornar Rígido e Inflexível

Quando pensa em uma pessoa organizada, qual a imagem que lhe vem à mente? É uma visão positiva? Se não for, procure suas convicções subjacentes sobre ser organizado. Já teve uma experiência ruim com uma pessoa que estava mais interessada em ser arrumadinha do que em ser eficiente? Ser organizado lhe remete a robôs se movimentando com precisão absoluta? Você acredita que ser organizado o tornará enfadonho, rígido, inflexível (e tedioso em festas)?

Uma mesa em ordem não é sinal de uma mente doente. Organizar-se não o forçará a guardar todo recorte de papel caprichosamente em ordem. Você não começará a alinhar seus arquivos para mantê-los paralelos à extremidade lateral de sua mesa ou terá não mais do que um pedaço de papel na mesa em um dado momento. Encontrar algo de que precisa rapidamente, com um mínimo de ansiedade, e confiança de que o item estará realmente onde olhará, não o transformará em um mauricinho.

3. O Medo de Perder a Espontaneidade

Ser organizado, estar mais no controle do fluxo de trabalho e ser um gerente bem-sucedido do tempo o torna menos espontâneo? Não. Você tem de ter algum senso de ordem e controle para permitir que a espontaneidade aconteça. Sem ordem, espontaneidade é sinônimo de caos. Quando sua vida é organizada, você pode mudar a direção para obter vantagem em uma nova oportunidade sem causar uma crise em algum outro lugar.

Ser organizado é dar a você mesmo mais liberdade – para ter controle sobre o lado administrativo de sua vida, ter uma habilidade maior para mudar de direção com menos consequências devastadoras. Você não será mais esmagado pelos papéis ou ficará para sempre confuso sobre onde pôr as coisas. Estará confiante para guardar itens importantes e também à vontade para jogar fora o excesso. Ser organizado é uma decisão que tornará sua vida mais fácil em todos os aspectos. Não é uma escolha entre ser "criativo, mente aberta e espontâneo" ou "rígido, enfadonho e laborioso".

Aprender a gerenciar papéis requer motivação, tempo (para se organizar inicialmente) e persistência. Permanecer organizado requer que você rompa com velhos hábitos, joque algumas coisas fora e pense diferente do que pensava a respeito de guardar itens. Embora isto algumas vezes possa ser assustador, não deixe que o embaraço o interrompa. Este livro o guiará através de um sistema muito fácil-de-se-usar que o livrará da desordem e de seu acompanhante, o *stress*.

SEÇÃO 3

Por Onde Começar?

DEFINA SEUS OBJETIVOS

O primeiro passo para se organizar é definir as metas a atingir. Enquanto pensa sobre o assunto, considere:

- A quais informações, materiais e acessórios você deve ter fácil acesso?
- Como será capaz de recuperar informações arquivadas fora de sua mesa?
- Como se lembrará de completar projetos não-finalizados que estiverem arquivados?
- E, como ficará todo seu trabalho atual enquanto estiver realizando este grande processo de organização?

Liste abaixo seus objetivos específicos para atingir a organização. Eis algumas questões para ajudá-lo a começar. Quais mudanças gostaria de ver acontecer? A que deve atender seu novo sistema de trabalho com papéis? Ao concluir este processo, o que gostaria que fosse diferente? Por favor, escreva seus objetivos na forma de sentenças positivas. Por exemplo:

☐ Serei capaz de recuperar informações de meus arquivos da primeira vez que as procurar.

☐ Serei capaz de esvaziar minha caixa de entrada em 20 minutos todos os dias.

☐ Terei um local para meus arquivos de projetos.

☐ Terei menos crises em minha vida por todos os *deadlines* esquecidos.

☐ _____

☐ _____

☐ _____

☐ _____

☐ _____

☐ _____

Tenha esses objetivos em mente enquanto for lendo *Organizando seu Local de Trabalho*. Todos os procedimentos e técnicas têm exemplos que ilustram os princípios. Muitos têm exercícios incluídos, para que possa praticar as novas idéias.

POR ONDE COMEÇAR?

Observe sua área de trabalho imediata. Por onde deve começar? Será mais fácil se você dividir a área em seções:

- Sua mesa principal.

- Suas áreas de trabalho acessórias; um armário; uma estação de trabalho para seu computador; uma estante; uma segunda mesa ou uma mesa de trabalho.

- Seus arquivos pessoais.

Para iniciar o processo de organização, escolha uma seção para trabalhar por um tempo. Há três razões para que comece pelas áreas mais distantes de você:

1. Os itens destas áreas provavelmente são mais velhos, portanto será mais fácil tomar decisões sobre eles.

2. Você tem de fazer espaço para outros itens mais apropriados. Alguns deles, que estão em sua mesa principal, devem ser movidos e, limpando primeiro a periferia, você terá o espaço necessário disponível.

3. Você verá resultados imediatos, e isto lhe fará bem. Ver o progresso irá motivá-lo a continuar.

AS ESTANTES: REDUZA, IDENTIFIQUE, REDISTRIBUA

Comece com suas estantes. Planeje-se para gastar uma hora neste projeto. Não fique mais de duas horas organizando uma seção, pois é bem cansativo. Você estará reduzindo, identificando e redistribuindo todos os itens das prateleiras.

Mexa em cada pasta, livro, arquivo, jornal. Procure, a princípio, *reduzir*, jogando o máximo possível fora. Desfaça-se das velhas versões de manuais, procedimentos e catálogos. Livre-se de toda segunda, terceira ou quarta cópia de itens e de qualquer informação que não tenha uso. Esqueça o que não é mais válido. Recicle a maior parte do excesso de papel que puder.

Consulte as informações de outras pessoas e faça *backup* de documentos relativos a projetos que estão agora sob a responsabilidade delas. Se não usar manuais de referência com freqüência, e envie-os a uma área central de recursos de sua unidade de trabalho. Mova informações de que não precisa agora, mas que têm valor histórico para a área central de armazenamento. Se não tiver um local de armazenamento único, centralizado, então encaixote e intitule os itens, retirando-os de seu escritório. Eles devem ser guardados em algum local seguro, mas não ocupar um espaço importante em sua sala.

Folheie os manuais que restaram para certificar-se de que todas as informações são atuais. Ao realizar este processo de seleção, pode perceber que reduzir e classificar itens pode demandar mais tempo. Está o.k. Não se preocupe com a pilha deixada para trás. Simplesmente separe o que selecionou daquilo que não selecionou. Quando a estante inteira estiver pronta, o que restou deve ser agrupado e *redistribuído*.

REDISTRIBUIR: COMO FAZER ISTO?

O princípio-guia para pôr coisas em ordem é colocar *itens afins juntos*. Os itens de sua estante irão ser reunidos em categorias abrangentes. Agrupe todos os manuais de referência, informações sobre a empresa, catálogos de vendedor e relatórios. Se tiver participado de *workshops* de aprimoramento profissional, reserve um espaço da prateleira para treinamento. Coloque todos aqueles materiais de curso e suas anotações juntos. Isto lhe permitirá ir a uma prateleira ou parte dela para achar itens relacionados. Livros, se em grande quantidade, podem ser divididos e agrupados por assunto.

Reúna todos os papéis perdidos. Coloque-os em pastas apropriadas. Ponha aqueles que pertencem a seu sistema de arquivamento em uma pilha para serem guardados. (Veja página 38.) Se as pastas se tornarem muito volumosas, divida as informações por data, região ou departamento.

Ponha as informações que estão logicamente ordenadas em pastas jeca. Por exemplo:

- Arrume alfabeticamente os telefones de grandes empresas.

- Organize gravações de encontros cronologicamente.

- Guarde catálogos ou informações de vendedores por assunto ou cronologicamente.

- Organize prospectos de *marketing* e lista de ligações alfabética ou cronologicamente.

- Ordene procedimentos de contabilidade cronologicamente.

Coloque uma etiqueta do lado de fora de cada pasta. Etiquetas objetivas ajudarão você e outras pessoas a usarem estes recursos. Não confie em sua memória, ela pode falhar, e impedir que outros localizem documentos em sua ausência.

Maneira mais efetiva de se etiquetar uma pasta.

Maneira menos efetiva de se etiquetar uma pasta.

LIDANDO COM AS EXCEÇÕES

A maior parte da estante está arrumada. Mas o que fazer com a diversidade de itens arrumados de maneira não satisfatória, que não são tantos o suficiente para terem sua própria pasta, tipo ou material? Isto ainda é gerenciável colocando-se *itens afins juntos*.

Exemplo:
    Se tiver participado de cursos de treinamento para gerenciar o *stress*, o tempo, a venda efetiva e técnicas de entrevista, e nenhum deles tiver tido seus próprios livros de trabalho e você tiver apenas anotações e alguns artigos de cada sessão, coloque todos em uma pasta intitulada "Treinamento". Divida a pasta com linguetas etiquetadas com os nomes dos cursos e, talvez, as datas. Isto impedirá que assuntos distintos se misturem de modo incorrigível e manterá todas as informações juntas. Sempre que você tiver itens de diversos treinamentos, basta colocá-los na pasta.

Exemplo:
    O que acontecerá três anos depois quando tiver quatro pastas, todas intituladas Treinamento com assuntos diversificados? E, sempre que precisar encontrar anotações de cursos, tiver de folhear todas as quatro pastas para encontrar as informações sobre o gerenciamento do *stress*? Quando uma categoria se tornar muito grande e for preciso muito tempo para encontrar itens particulares, divida o grupo em categorias mais específicas. Pegue as quatro pastas e ordene os conteúdos, colocando, uma vez mais, *itens afins juntos*. Os cursos deverão ser divididos em agrupamentos naturais. Então você poderá ter pastas intituladas: Treinamento – Empresa XYZ, Treinamento – Desenvolvimento de Gerenciamento, Treinamento – Técnico.

RESUMO

Organização requer definição de tempo e manutenção constante. Seu novo sistema deve ser fácil de se entender. Antes de iniciar este projeto, defina seus objetivos e lembre-se de recompensar-se ao longo do caminho. Eis uma revisão dos princípios analisados.

- Comece devagar.

- Coloque *itens afins juntos*.

- Subdivida onde apropriado.

- Sinta-se livre para diminuir ou expandir uma categoria.

SEÇÃO 4

Sua Área de Trabalho

O RELATÓRIO FOGGERTY, SENHOR? ESTÁ NA MINHA MESA... SIM, SENHOR, BEM COMO O ARQUIVO HENDERSON... NA MINHA MESA ... ANHÃN... ESTÁ NA MINHA MESA TAMBÉM... EXATAMENTE AQUI. MINHA MESA, SENHOR? TAMANHO NORMAL... POR QUE A PERGUNTA?

O ARMÁRIO

As estantes estão organizadas. Restou alguma prateleira vazia. (Sem problemas, não é necessário colocar nada lá!) A próxima área a ser arrumada, se você limpou sua mesa principal, é o armário.

Esvazie uma gaveta de cada vez e aguarde para lidar com os arquivos na gaveta mais funda até que tudo mais esteja finalizado. Ponha todos os pedaços de papéis, *Post-it®* e materiais de escritório em uma gaveta; envelopes de correspondência interna em outra. Deixe apenas envelopes suficientes para uma semana em sua mesa. Se você separou uma gaveta para colocar coisas para ler, uma gaveta a mais do armário será útil. (Mais informações sobre gerenciamento de leitura na Seção 8, página 72.) Seu dicionário, outros manuais de referência de uso freqüente, registros e catálogos poderiam ser colocados nas prateleiras internas do armário. Enormes relatórios impressos pelo computador, catálogos que precisam ficar perto da sua estante e alguns equipamentos pequenos podem ser guardados ali. Seja cauteloso. Não é por ter portas que o armário deve ficar bagunçado.

NÃO SENHOR, NÃO ESTÁ NA MINHA MESA, MAS PEGAREI RAPIDAMENTE PARA O SENHOR.

AS GAVETAS DE SUA MESA

Pense em sua mesa inteira como "espaço principal". Qualquer coisa que fique perto de você *deve* valer a pena, o que significa que deverá usá-la com freqüência. Comece pelas gavetas, colocando-as em ordem como fez com o armário, agrupando, jogando fora e redistribuindo itens. Jogue fora os itens não usados, inúteis, velhos, ou não-identificáveis. Isto inclui fios elétricos para equipamentos que você não tem mais, elásticos de 150 anos atrás, aparelhos que nunca funcionaram corretamente, chaves que não abrem nada do que você possui, cartões de visita amarelados nas bordas. Considere as seis dúzias de canetas e lápis, as quatro réguas, os três pares de tesouras, os inumeráveis vidros sem rótulo, de todas as cores, os 10.000 clips espalhados no fundo das gavetas, sem mencionar as numerosas anotações em *Post-it*® por todo o canto. Guarde apenas o que você precisa e em quantidade realmente necessária, e devolva o restante ao estoque.

À medida que prosseguir, reflita um pouco sobre por que você aluga um apartamento ou compra uma casa. Uma razão seria para colocar todos aqueles itens pessoais que lentamente entupiram seu local de trabalho. Isto significa que você deve limitar seus itens pessoais a uma gaveta (não, não pode ser a gaveta de arquivo grande). Leve para casa os pares de sapatos extras, as embalagens vazias de comida e as roupas extras. Jogue fora os utensílios plásticos, sacolas de papel, pacotes de mostarda, açúcar congelado, aquele copo de geléia pela metade, com duas colheres dentro. Ah, sim, e faça alguma coisa com todos aqueles guardanapos.

Ao pôr as coisas em ordem, sem dúvida descobrirá sobras de informações interessantes, *cartoons* antigos, relatórios de trabalho, notas para começar a fazer um ou dois projetos quando tivesse tempo. Pegue tudo isto e coloque em sua mesa. Você vai voltar a isto rapidamente.

EQUIPAMENTOS

O equipamento que você usa regularmente deve ficar a fácil alcance. No entanto, o telefone, o porta-cartões de visita, o calendário da mesa, o grampeador, o apontador elétrico de lápis, o porta-recortes de papéis, a calculadora, o rádio, o conjunto de canetas e lápis, um copo contendo várias canetas e lápis, fotografias, caixas de entrada e de saída, um peso de papel, sem mencionar o computador, não precisam todos ficar à mostra, entulhando seu espaço de forma que você não possa trabalhar efetivamente.

Freqüência de uso é a chave para a localização. Quanto mais usar uma coisa, mais próxima ela deve ficar de você. Isto se aplica a equipamentos, arquivos e materiais de escritório.
Durex e grampeadores podem ficar, tranqüilamente, na primeira gaveta de sua mesa. Canetas e lápis ficam bem em cima da mesa. Mas você precisa de dúzias deles? Mova o rádio, o apontador de lápis e as fotos para o armário. Troque de lugar as coisas que lhe fazem sentir confuso e proporcione a você mesmo um ambiente de trabalho confortável.

AS GAVETAS DE ARQUIVOS

Agora as gavetas estão arrumadas, os conteúdos reorganizados e, portanto, os itens estão dispostos corretamente, de acordo com o uso. Nas gavetas mais baixas ficaram os itens pessoais, nas do meio, os materiais de escritório, pedaços de papel etc. e nas gavetas superiores papéis timbrados, envelopes, clips de papel, canetas, lápis, grampeador e durex. Volte agora para a gaveta de arquivo mais funda no armário. Os arquivos aqui também devem seguir os princípios que estão sendo analisados:

- Classificação e combinação.
- Itens afins devem ficar juntos.
- Freqüência de uso.

PASSO 1

Classifique arquivos pelo uso. Se mexer neles uma vez em cada três a quatro semanas, podem permanecer. Se usá-los com menos freqüência, mova-os para os arquivos centrais. Seja rigoroso ao determinar isto, particularmente se o espaço for curto. Lembre-se, leva menos tempo sair da sala e ir até o *hall* para pegar um arquivo de que precisa uma vez ao mês do que mover arquivos regularmente para pegar aqueles que usa com mais freqüência. Informações antigas ou materiais de *background* não devem ocupar um local importante, forçando-o a espalhar seus arquivos ativos por não ter espaço disponível na gaveta.

PASSO 2

Nomeie os arquivos usando o assunto dos papéis como título. Se encontrar mais de um arquivo com informações relacionadas, e não for incômodo, coloque todo o material em uma pasta. (Discutiremos mais princípios de nomeação na Seção 5.)

PASSO 3

Limpe os arquivos restantes se forem volumosos. Jogue fora informações ultrapassadas, cópias de rascunhos, notas antigas e materiais de referência desnecessários. Nos casos em que todas as informações remanescentes forem importantes, mas muito volumosas, separe as informações mais atuais e mantenha-as à mão. Coloque o restante nos arquivos centrais ou em um arquivo logo atrás do primeiro.

LIMPANDO SUAS SUPERFÍCIES DE TRABALHO

Agora que já arranjou espaço nas gavetas, nas prateleiras, na escrivaninha e nas estantes de seu local de trabalho, haverá lugar para colocar coisas que no momento estejam em outras partes de seu escritório. Agora você pode começar a organizar os papéis perdidos que estão espalhados.

Dirija-se agora à parte de cima do armário ou da sua mesa de trabalho. Muitos destes papéis são mais antigos do que os que estão em sua mesa, e será mais fácil tomar decisões sobre eles. Comece por uma pilha de papéis de cada vez. Classifique de cima para baixo. Não mova um ou dois itens para ver as coisas interessantes que estão abaixo. Não importa o quanto assoberbante isto possa parecer, todos estes papéis perdidos irão se agrupar logicamente. Alguns irão para seus arquivos nomeados recentemente. Uma quantidade surpreendente será jogada fora por não ter mais relevância ou já tiver sido usada. Alguns irão representar projetos cujo próximo passo será executado por outra pessoa. Certifique-se de mandá-los com uma mensagem. Um ou dois itens irão para sua mesa porque você terá de lidar com eles imediatamente. O restante serão projetos ativos, e você não está certo de onde os colocar. Deixe-os de lado por agora e processe-os juntamente com os que estão em sua mesa principal.

A partir de agora, comece a organizar sua segunda mesa, se tiver uma, ou sua estação de computador, usando as mesmas técnicas mencionadas nesta seção. Se tiver armário de arquivo, lembre-se de identificar o lado de fora das gavetas com suas novas categorias. A seleção dos conteúdos de um armário de arquivo pode ser feita por último, depois que você tiver acabado de limpar sua mesa.

COMO ESTÁ SE SENTINDO?

Parabéns pelo seu sucesso! Você caminhou bastante. Achou o processo embaraçoso ou assustador? Se a resposta for sim, não está sozinho. Tornar-se organizado e desfazer-se de coisas é um processo que pode ser repleto de ansiedade. Orgulhe-se de tê-lo feito, de qualquer forma, a despeito do medo. Não deixe que as mudanças o impeçam de prosseguir.

Você acabou de concluir a maior parte do que planejou organizar. Qual a aparência de seu escritório? Deve parecer bem melhor com menos papéis e objetos diversos espalhados! Seus livros e pastas estão ordenados logicamente e claramente nomeados. As gavetas estão arrumadas e limpas. A única coisa que resta a fazer é limpar a superfície de sua mesa. As seções seguintes do livro irão analisar princípios de arquivamento, estratégias para manter a mesa limpa, ferramentas para acompanhar o trabalho delegado e técnicas para manter seu sistema de gerenciamento de papéis.

Por favor, responda estas questões:

1. Como se sente com o seu progresso até agora?
   _____
   _____

2. Como foi capaz de trabalhar com as emoções associadas ao processo de organização?
   _____
   _____

3. Sua organização está caminhando para os objetivos que traçou na página 19?
   _____
   _____

4. Quais mudanças notou em sua habilidade para trabalhar?
   _____
   _____

5. Quais benefícios tem experimentado até agora?
   _____
   _____

RESUMO

Inicie classificando sua estante, depois seu armário, em seguida as gavetas de sua mesa principal e finalmente as superfícies de sua mesa principal ou mesa de trabalho.

Use estes princípios:

- Jogue fora ou recicle o máximo que puder.

- Selecione e agrupe o que for possível.

- Classifique os arquivos e os equipamentos pela freqüência de uso. Quanto menos usado, mais afastado deve ficar.

- Nomeie todos os arquivos.

- Limpe os interiores dos arquivos individuais, mantendo apenas os itens importantes.

SEÇÃO 5

Arquivando e Encontrando

ERROS COMUNS DE ARQUIVAMENTO

➤ Não lembrar como classificou algo. ("Agora, onde poderia ter posto isto?")

➤ Criar um sistema bom, mas não o manter. ("Isto funciona quando uso isto.")

➤ Criar um arquivo separado para cada tipo de documento. (Vários arquivos com poucos papéis em cada um.)

➤ Arquivos com títulos grandes e complicados. (Ex.: "Amostras de como Controlar o Trabalho de um Engenheiro e um *Design* Juntos mais o Nome de Três Consultores.")

➤ Arquivar indefinidamente sem providências para eliminar arquivos. ("Não jogamos nada fora antes da hora.")

Seu sistema de arquivamento deve ser:

✓ SIMPLES

✓ FÁCIL

✓ GERENCIÁVEL

DIRETRIZES DE ARQUIVAMENTO

Definir e manter arquivos é importante para se tornar organizado. O arquivamento é também a área mais convidativa para a frustração. Esta seção está escrita em segmentos que lhe permitem localizar as partes que irão ajudá-lo rapidamente. Leia as nove páginas seguintes. Depois, volte e as leia novamente, mais devagar, com seus arquivos em frente a você. Comece a renomear seus arquivos imediatamente. À medida que for lendo, se houver uma parte deste capítulo que não se aplique à sua situação, pule-a. Quando tiver idéias suficientes sobre arquivamento, e tiver desenvolvido um sistema efetivo, vá para a página 48, e continue lendo a seção "Como Manter seu Sistema de Arquivamento".

Seus Arquivos Pessoais

Um ponto bastante importante a enfatizar para ter seu local de trabalho sob controle diz respeito a seus arquivos pessoais. Você tem de ser capaz de recuperar facilmente informações arquivadas e ter um lugar para colocar seus papéis perdidos. Você deve ser capaz de, 95% das vezes, ir a um determinado lugar e encontrar um documento. Raramente você deverá olhar em mais de dois locais para encontrar um item.

Arquivos podem ser classificados em uma das cinco maneiras a seguir:

- **Assunto:** usando coisas ou itens.

- **Alfabeticamente:** usando nomes ou lugares.

- **Numericamente:** usando números.

- **Geograficamente:** usando ruas, regiões, estados ou países.

- **Cronologicamente:** usando datas, arquivando os itens mais atuais na frente.

Para seu uso pessoal, os arquivos em sua mesa e armário podem, quase sempre, ser satisfatoriamente definidos usando títulos alfabéticos ou por assunto somente. Grandes unidades ou grandes departamentos ou arquivos centrais de empresas usam geralmente alguma combinação das três opções restantes.

DEFININDO SEUS ARQUIVOS POR ASSUNTO

Você usa diferentes chapéus em seu trabalho diário? Muitos trabalhos têm um elemento administrativo bem como um componente de grande importância. É bastante útil estabelecer dois tipos de arquivos que irão separar estes componentes maiores de seu trabalho. Comece com os três passos seguintes.

PASSO 1 Crie Arquivos de Projeto de Trabalho

Estes são seus arquivos de projeto em andamento ou atuais. Estes são fáceis de identificar e, provavelmente, já existem de alguma forma. Exemplos incluem:

- **Nome do Cliente** (Pollar; Odette; Crisp; Michael, Hilton Hotels; IBM; Hewlett Packard).

- **Nome do Projeto** (*Feedback* do Cliente; O Grupo Anexo; Remanejamento da Unidade; Realocação da Sala).

- **Nome do Curso** (Gerenciamento do Tempo; Treinamento de Gerenciamento Avançado; Inglês como uma Segunda Língua).

- **Contratos** (O Grupo Bailey; Vendedor XYZ).

PASSO 2 Crie Arquivos Administrativos de Trabalho

Estes são seus arquivos operacionais em andamento relacionados às atividades administrativas. Estes arquivos por assunto podem incluir:

• Orçamento	• Viagens	• Arquivos de Vendedores
• Reuniões de Equipe	• Arquivos Pessoais	• Marketing
• Pagamento de Contas	• Fornecedores	• Equipamentos
• Relatórios Informativos	• Recebimento de Contas	

Você não usará toda a lista de títulos anterior. Use aqueles que irão agrupar uma boa quantidade de papéis com a qual vai lidar regularmente.

DEFININDO SEUS ARQUIVOS POR ASSUNTO (continuação)

PASSO 3   Crie um Arquivo Pessoal para Você Mesmo

Estes arquivos têm seu nome e é onde colocará todas aquelas coisas de valor para você, ou que lhe pertencem, e que devem ser guardadas. É onde sua informação pessoal será arquivada, junto com cartões-postais de amigos e cartões humorísticos que você deseja manter. Seja seletivo sobre o que guardar.

Exercício:

Reveja os arquivos de seu armário. (Veja na Seção 4, página 27). A maioria deles deve se encaixar nestas três áreas? E aqueles em sua mesa? Aproveite o momento para acrescentar novos títulos de que você precisa.

Observe seu progresso. Neste ponto, você deverá ver uma significativa redução no número de papéis perdidos e o monte de tralhas. À medida que for limpando o alto de sua mesa, ficará mais fácil tomar decisões sobre onde colocar documentos agora que estes arquivos estão definidos.

PRINCÍPIOS DE ARQUIVAMENTO

PRINCÍPIO 1

ARQUIVE PAPÉIS NA CATEGORIA MAIS ABRANGENTE POSSÍVEL

É mais fácil lidar com os arquivos mais volumosos do que com os finos. Em vez de ter numerosos arquivos com poucos papéis em cada um, agrupe todos os materiais relacionados sob a categoria mais abrangente para obter maior praticidade. Observe que os arquivos de trabalho, analisados anteriormente, são arquivos por assunto. Todos contêm informações sobre o mesmo assunto.

Exemplo:

Você tem informações sobre o planejamento qüinqüenal de sua empresa, sobre o planejamento trianual de seu departamento e uma cópia de seus objetivos anuais. Coloque tudo isto junto pondo o nome de sua organização: "Planejamento XYZ", depois você só terá de procurar em um único local para encontrar as informações sobre o planejamento da empresa.

Exemplo:

Se tiver reuniões de equipes semanais, e reuniões departamentais quinzenais, em vez de dividi-las em dois arquivos separados, pense em colocá-las juntas, especialmente se as anotações sobre o departamento estiverem resumidas. É como se tivesse de consultá-las durante uma das reuniões semanais. Se agrupar os dois conjuntos de anotações de reuniões não torna o arquivo muito volumoso, é mais fácil colocá-lo em um único local. Além disso, é onde você deve arquivar itens requisitados para a reunião seguinte, como idéias ou sugestões, atualizações de *status* e qualquer documento que for usar na reunião seguinte.

MAIS PRINCÍPIOS →

PRINCÍPIOS DE ARQUIVAMENTO (continuação)

PRINCÍPIO 2

NOMEIE OS ARQUIVOS

Para ajudar a tornar o Princípio 1 mais fácil, encontre o assunto-chave e use-o para nomear o arquivo. O assunto mais geral é Reuniões de Equipe, não Anotações, mas Reuniões de Equipe. A primeira associação que você faz quando quer recuperar informações não é que elas fazem parte de anotações, mas, em vez disso, que fazem parte de reuniões de equipe. Evite nomear um arquivo com um número, data ou adjetivo. Em vez de um título como: Negociar Contratos, um título mais efetivo, começando com um nome, seria Negociações Contratuais.

Exercício:

Você está conduzindo uma série de pesquisas com seus clientes sobre a organização, a Qualidade e o valor agregado de seus serviços. Estas pesquisas de melhoria da Qualidade vão abranger toda a Região Oeste.

Quais as opções para nomear este arquivo? _____
_____
_____
_____
_____
_____
_____
_____
_____

Você listou todas estas opções? Serviço com Cliente, Melhoria da Qualidade, Pesquisa de Serviço com Cliente Atual, Pesquisas, Pesquisas na Região Oeste. O título mais abrangente é Pesquisas. Se precisar dividir o arquivo mais especificamente, use informações secundárias em seu título: Pesquisas – Serviços com Clientes ou Pesquisas – Melhoria da Qualidade.

Exercício de Nomeação

Para obter alguma prática no uso de princípios de nomeação, por favor, escreva títulos mais efetivos para estes arquivos por assunto:

- Referências ou Nova Instalação de Boiler _____
  _____

- Lista de Correspondência Atualizada _____
  _____

- Revista *Newsweek* _____
  _____

- Informações sobre o Computador Macintosh _____
  _____

- Artigos _____
  _____

- Relatórios Governamentais _____
  _____

- Cópias de Contratos de Consultores _____
  _____

- Plano de Operação 1992 _____
  _____

- Operações _____
  _____

- Como Escrever um Relatório Informativo de uma Empresa _____
  _____

Veja as respostas na página 44.

VERIFIQUE SUAS RESPOSTAS

➤ **Referências ou Nova Instalação de Boiler.** Nomeie o arquivo e escolha a categoria a que se refere. Instalação de Boiler é o nome.

➤ **Lista de Correspondência Atualizada.** Lista de correspondência é o assunto. Atualizada acrescenta muito pouco. Atualizada desde quando? Se você precisar desta informação no nome, coloque uma data como informação secundária, Lista de Correspondência, 1992.

➤ **Revista *Newsweek*.** Se você é um repórter, se trabalha para a *Newsweek* ou precisa guardar a revista inteira todo mês, este é o título apropriado. Lembre-se de clipar os artigos-chave, marcar a data e o assunto e não guardar a publicação inteira. (Melhor ainda: pegue revistas fora dos arquivos, coloque-as em um porta-revistas e arquive-as na estante.)

➤ **Informações sobre o Computador Macintosh.** O.k, é isto, se você tiver apenas um computador. Se tiver mais de um, o nome deve ser Informações de Computador, Macintosh, de forma que Informações de Computador, PC e Informações de Computador, HP estejam próximas umas das outras nos arquivos.

➤ **Artigos.** Os artigos devem ser divididos e arquivados junto a outros materiais de assuntos afins. Se guardar artigos da *Harvard Business Review*, *Work Woman* e *Executive Boardroom* ou desenvolvimento de habilidades gerais em negócios, seu arquivo pode ser nomeado Práticas de Negócio, Geral.

➤ **Relatórios Governamentais.** Bem, é isso, a menos que o título esteja muito abrangente e você tenha seis ou oito tipos diferentes de relatórios. Neste caso, nomeie o arquivo com o nome específico do relatório. Também, como relatórios governamentais raramente são apresentados individualmente, a maioria das pessoas à sua volta participou da preparação ou está ciente do relatório. Isto significa que qualquer um fará associações pelo título do relatório, não pela agência específica para a qual ele vai.

➤ **Cópias de Contratos de Consultores.** A categoria mais abrangente é Contratos, no entanto, se você só lidar com contratos de consultores, nomeie o arquivo Contratos de Consultores. O título secundário de cópias é necessário apenas se você precisar distinguir cópias de originais ou amostras deles.

➤ **Plano de Operação 1992.** Coloque a data por último, Plano de Operação, 1992.

➤ **Operações.** Um bom título este.

➤ **Como Escrever um Relatório Informativo de uma Empresa.** O arquivo é sobre Relatório Informativo, então nomeie deste modo. Pode conter exemplos de Relatórios Informativos, idéias, *lay-outs*, orçamentos de custos de impressão etc. Mantenha o título o mais abrangente possível, inclusive por ser mais prático. (Você pode omitir a empresa no título porque é provável que esteja implícito. Quais outros tipos de Relatórios Informativos você estará guardando?)

PRINCÍPIO 3

ALFABETICAMENTE

Após ter dividido seus arquivos em áreas abrangentes, agrupe cada assunto. Ponha os assuntos em ordem alfabética dentro de cada grupo. Isto tornará a recuperação mais fácil. Quando acrescentar documentos em um arquivo, coloque o mais recente na frente. Isto o fará perder menos tempo, principalmente quando suas pastas de arquivos tiverem muitos papéis.

Enquanto colocar os arquivos em ordem alfabética, você deve organizar os arquivos para que atendam à sua conveniência e fiquem acessíveis. É desconfortável se contorcer todo ou se levantar para ver os nomes dos arquivos que seguem da frente da gaveta da mesa para trás. Muitas gavetas de mesas padrão terão uma ou duas fileiras paralelas de arquivos à sua frente. O divisor de metal que segura os arquivos freqüentemente irá servir como divisa entre as duas fileiras de arquivos. Os arquivos suspensos bem como as pastas de papel pardo devem ficar virados para cima.

PRINCÍPIO 4

ARQUIVE ARTIGOS POR ASSUNTO

Quando ler jornais, revistas e Relatórios Informativos, e decidir guardar certos artigos, coloque-os com informações relacionadas. Notas, artigos, críticas e colunas interessantes têm valor por causa dos assuntos de que tratam. O conteúdo é o que importa, não o formato. Arquive todas as informações conforme irá usá-las, não de acordo com onde as encontrou. (É uma boa idéia anotar a fonte original no artigo para no caso de precisar citar a referência em algum momento.)

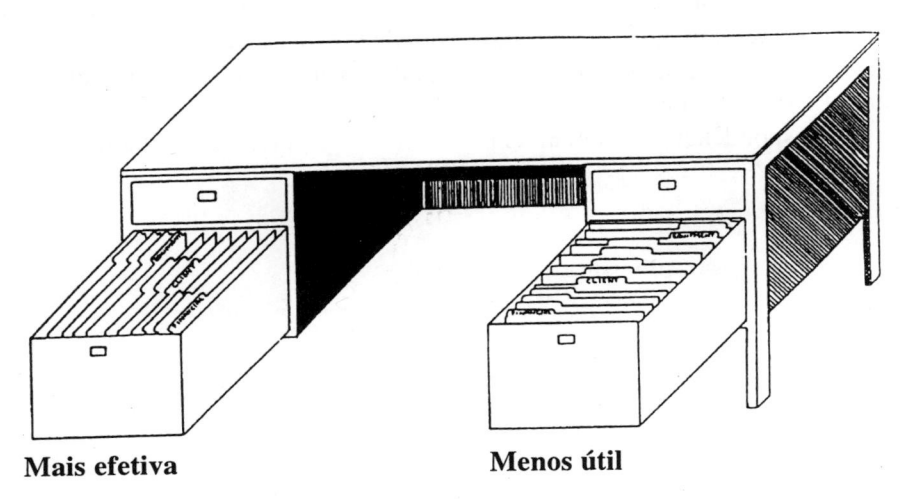

Mais efetiva **Menos útil**

INFORMAÇÕES ADICIONAIS SOBRE ARQUIVAMENTO

Nomeando Arquivos com Nome Suplementar

Em alguns casos, quando os arquivos são *muito* grandes, você pode precisar de informações adicionais no título. Se necessitar de uma terceira divisão, você pode dividir as informações geograficamente, numericamente ou cronologicamente. Então, Pesquisas; Califórnia do Sul, 1989-1990 e Pesquisas; Califórnia do Norte, 1991-1992. (Com freqüência, os resultados de pesquisas antigas estarão localizados em um arquivo central e apenas um resumo ficará em sua mesa.)

Mais de um Título

Aqui há uma situação delicada. O que acontece quando você tem um item que pode ser encaixado em mais de um lugar ou pode ter mais de um título facilmente? Para citar *Getting Organized*, de Stephanie Winston, "... Vamos dizer que tenha pilhas e pilhas de correspondência pessoal para guardar – muito para arquivar em uma só pasta. Deveriam estas pastas ser nomeadas Cartas, Susan ou Susan, Cartas? Se a pessoa for o assunto relevante, então a pasta deve ser nomeada Susan ou Michael em vez de Cartas, Susan ou Cartas, Michael. Se Susan ou Michael são tão importantes que há uma pasta cheia de cartas para cada um deles, provavelmente deverá haver outros materiais sobre Susan ou Michael que entrarão na mesma pasta. Em outras palavras, se você perguntar: o que este arquivo contém, e a resposta for a *pessoa*, não as cartas, então o nome deve aparecer no título."

Outro Exemplo:

"A escritura (do imóvel) do advogado." Isto pode ser confuso. Deve a escritura vir abaixo do nome do advogado? Ou supondo-se que esta propriedade específica esteja localizada em uma cidade pequena chamada Eastgate. Novamente, qual o assunto do documento em termos gerais? A resposta é Propriedade. A menos que tenha várias propriedades, de fato, o provável é que todas as correspondências ou documentos sobre sua propriedade caibam em uma única pasta."

PRINCÍPIO 5

USE CÓDIGO COLORIDO ONDE NECESSÁRIO

Muitos espaços de arquivos pessoais não possuem o volume necessário para requerer um complexo sistema de código a cores. Entretanto, se possuir quatro ou cinco gavetas separadas que usa regularmente, além de um arquivo de apontamentos e uma grande quantidade de arquivos administrativos, arquivos de projetos, e arquivos de clientes, você pode querer dar a cada grupo uma cor. O código colorido ajuda a definir as áreas maiores diferentes de seu trabalho. Isto serve para identificar arquivos misturados e ajuda a reconhecer imediatamente o lugar apropriado de cada arquivo que estiver fora, ou em sua mesa. O código a cores pode ser feito de várias formas:

1. Os arquivos suspensos nos quais os metais das pastas de arquivo estão podem vir em cor.

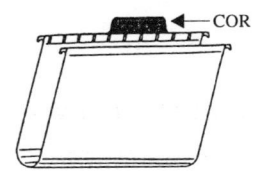

2. A lingüeta no arquivo suspensos pode ser colorida. Isto é particularmente importante se lhe for requisitado que use todas as pastas verdes estabelecidas.

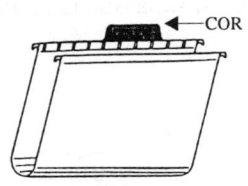

3. O nome no metal da pasta pode estar relacionado à cor do arquivo suspenso.

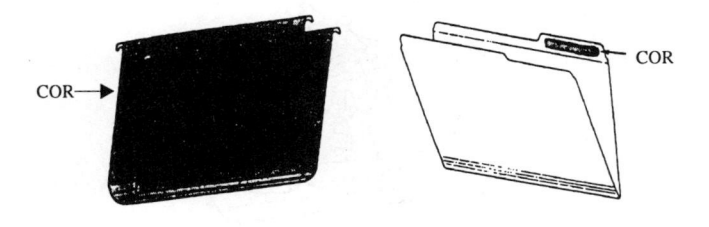

Dica: Você pode comprar pastas regulares de arquivos em cores. Entretanto, tenha cautela. Após muito tempo, os arquivos coloridos irão desbotar e descolorir os papéis que estiverem dentro. Arquivos coloridos nunca devem ser usados em estocagens longas.

COMO MANTER SEU SISTEMA DE ARQUIVAMENTO

1. Mantenha-o simples.

2. Arquive regularmente.

3. Mantenha os arquivos enxutos retirando-lhes o excesso de informações e notas antigas etc.

4. Tire um tempo uma vez por trimestre ou duas vezes ao ano para jogar fora arquivos que não usa com freqüência.

5. Não arquive todos os cartões de visita que receber, informações que tenha em outras formas, duplicatas, informações ultrapassadas ou itens que outras pessoas insistam para que guarde.

RESUMO

Seus arquivos pessoais devem ser fáceis de ser usados e lhe permitir reduzir as escolhas sobre onde um documento pode ser arquivado. Os cinco princípios de arquivamento são:

Princípios de Arquivamento

1. Arquive papéis na categoria mais abrangente possível.

2. Nomeie os arquivos. Raramente, inicie com uma data, número ou adjetivo.

3. Ponha em ordem alfabética.

4. Arquive artigos pelo assunto.

5. Pinte o código, quando necessário.

SEÇÃO 6

Gerenciando sua Mesa e seus Papéis

A SUPERFÍCIE DE SUA MESA

Agora vamos à superfície de sua mesa. Aqui há novas informações, itens que você descobriu ao limpar as gavetas de sua mesa, arquivos variados, itens importantes, projetos longos, trabalhos finalizados, mensagens telefônicas, notas, um bocado de pedaços de papéis em locais estratégicos ao redor da mesa.

Pode haver documentos esperando para serem encaminhados, itens aguardando por um retorno, tíquetes para um evento esportivo para três semanas à frente, um poema escrito por sua sobrinha, dois calendários, uma amostra de um produto que você pode adquirir, uma pilha aguardando a *sua* decisão, outra pilha aguardando a decisão *deles,* coisas para ler, uma pilha genérica se tornando obsoleta, um *cartoon* engraçado e mais de uma daquelas bandejas de plástico empilhadas.

Na superfície da mesa devem ficar apenas aqueles itens e informações mais importantes. É aqui que a tomada de decisão pode ir pelos ares. O objetivo não é uma mesa perfeita o tempo todo. Em vez disso, é a capacidade de encontrar coisas quando precisa delas e ter sempre um local de trabalho limpo. Você deve processar tudo o que estiver em sua mesa, colocando cada coisa em seu local apropriado com rapidez e facilidade. A organização anteriormente feita ao definir arquivos de trabalho e limpar o espaço extra será útil agora. Primeiro, retire da mesa o máximo de itens que puder.

Todas as pastas de arquivos devem ser guardadas apropriadamente. Pastas antigas ou inativas devem ir para arquivos de estocagem ou centrais. Aqueles que usar uma vez ao mês, ou mais freqüentemente, devem ser colocados no armário. Coloque os arquivos em uso na gaveta de sua mesa.

Todos os itens esperando para ser distribuídos devem ser retirados de sua mesa e colocados em sua caixa de saída. Uma decisão firme foi tomada a respeito destes itens, portanto eles não devem ficar espalhados.

Dica: Arranje uma caixa de saída, caso não tenha uma. Use-a para itens que serão entregues a colegas, papéis a serem arquivados fora de seu escritório e tarefas delegadas a outros. Manter uma pilha "a arquivar" pode ser mais efetivo do que levantar e andar por sua área toda vez que precisar arquivar algo. Mas esteja atento para que a pilha não fique muito grande. Limpe a caixa de saída pelo menos uma vez ao dia.

Dê uma olhada nos materiais de leitura e tome uma decisão com base na importância de cada item. Se precisar dele num futuro próximo, e acreditar realmente que terá tempo para lê-lo, então arquive (por assunto) imediatamente. Resista à tentação de colocá-lo de lado por um tempo. Uma vez que tiver tomado uma decisão sobre um papel, processe-o ou arquive-o de imediato. (Mais informações sobre materiais de leitura na Seção 8.)

LONGE DOS OLHOS, LONGE DO CORAÇÃO

Todo documento precisa de um lugar onde não seja esquecido até que o trabalho ao qual está relacionado esteja completo. Até agora você não arquivou nada com que esteja trabalhando no momento. Conforme o ditado "Longe dos olhos, longe do coração", muito do que resta em sua mesa está em processo de alguma forma. O jeito é guardá-lo, ser capaz de encontrá-lo novamente e não esquecer o próximo passo de ação. A maneira de lembrar é anotando as coisas. Se você estiver propenso a esquecer o próximo passo a ser tomado, então escreva uma nota – não, não em um pedaço de papel. Existem apenas três lugares para fazer estas anotações:

1. Em sua agenda.   **2.** Em sua lista de coisas a fazer.   **3.** Em sua lista de projetos.

Depois disso, você pode guardar os documentos no arquivo apropriado.

1. AGENDAS

Acompanhe seus compromissos, datas esperadas, os *deadlines* dos projetos e reuniões, em uma agenda. É fácil, rápido, nítido e seguro se usar apenas uma agenda. Quando uma agenda se tornar impossível de ser trabalhada, porque um aspecto de seu trabalho se tornou mais complexo do que uma simples agenda pode permitir, você deve considerar outras opções. Por exemplo, se delegou tarefas a dois membros da equipe e anotar as datas combinadas em sua agenda for suficiente, então não mude. Entretanto, se for promovido, e tiver que delegar tarefas a cinco pessoas e gerenciar projetos mais complexos, considere o uso de um formulário de monitoramento de projeto. (Mais sobre como lidar com trabalho delegado na página 57.) Deixe a agenda a fácil alcance em sua mesa.

Dicas para Usar Agendas

➤ Use apenas uma. Tendo mais de uma, você pode se esquecer de transferir informações de uma para outra.

➤ Anote todos os compromissos importantes. Não confie em sua memória. Anotar também o ajuda a relacionar os compromissos.

➤ Reveja sua agenda de atividades em andamento. Cheque-a diariamente. Isto evita surpresas.

➤ Escolha o tipo que considerar mais satisfatório. Há muitas opções, algumas são do tamanho do bolso, enquanto outras, do tamanho de uma pasta de 10"x 2". Algumas pessoas gostam de ter uma página inteira dedicada a cada dia da semana. Outras acham o sistema compacto mais apropriado.

➤ Pense em uma agenda com seções para notas, números de telefone e projetos.

➤ Escreva tudo *a lápis.*

2. LISTAS DE COISAS DIÁRIAS A FAZER

Ter uma lista de coisas a fazer é um modo de acompanhar as tarefas que podem ser finalizadas em um ou dois dias. Você não deve ter mais de 15 itens nela. Esta lista deve servir para os seguintes propósitos:

- Relembrar você de coisas que provavelmente esqueceria. Não é uma lista do que você faz todos os dias.

- Permitir que defina prioridades com base na importância e não apenas no caráter de urgência.

- Ajudá-lo a planejar, pois poderá estimar quanto tempo cada item vai levar.

- Ajudá-lo a recuperar o seu foco depois de ser interrompido.

Use uma folha de papel padrão para sua lista e a mantenha disponível para uma rápida consulta. Tenha apenas uma lista de coisas a fazer por vez. Certifique-se de não colocar muita coisa nela inicialmente. Uma lista de duas páginas está completamente fora da realidade. Se sua lista se tornar impraticável, se não for capaz de cumpri-la em menos do que uma semana ou se vir continuamente reescrevendo itens, tire um tempo para rever os usos apropriados de uma lista de coisas a fazer. Se os itens que estiver transferindo repetidamente forem muito extensos, ou consumirem muito tempo, use uma lista de projetos, pode lhe ser útil.

Exemplo:

Prioridade	TAREFAS	Tempo
B	*Rever as anotações das reuniões de departamento.*	
C	*Contatar Roger para falar a respeito do Equipamento.*	
A	*Pôr em ordem o* invoice *de Anderson.*	
B	*Marcar um encontro com Bud, Pete, Marilyn.*	
A	*Marcar uma entrevista com o novo vendedor.*	

LONGE DOS OLHOS, LONGE DO CORAÇÃO (continuação)

3. LISTA DE PROJETOS

Uma lista de projetos será útil se você tiver:

- Projetos trimestrais ou semestrais a completar, os quais não possa começar imediatamente ou nos quais não possa trabalhar diariamente. (Certifique-se de escrever suas datas marcadas em sua agenda.)

- Produção pendente, e não tiver um arquivo porque não existe nenhum outro material de suporte.

- Um quadro de avisos no qual possa fixá-la para se lembrar de coisas relevantes.

Exemplo:

Prioridade	PROJETOS	Data prevista
A	*Verificar as datas de* copyright *em todos os livros de trabalho.*	*15/6*
B	*Aumentar o Relatório Informativo de quatro para seis páginas.*	*30/8*
A	*Investigar o novo sistema de telefonia.*	*5/5*

Separar atividades diárias de projetos de longo prazo é útil porque você não precisará reescrever os maiores projetos todos os dias. Você também pode colocar uma tarefa na lista de coisas diárias a fazer, por exemplo, para criar um plano estratégico para executar os grandes projetos de longo prazo. Quando guardar alguma coisa, e planejar continuar a trabalhá-la nos próximos dias, anote o próximo passo em sua lista de coisas a fazer. Liste na Agenda se ela tiver uma data específica a ser cumprida. Se for um novo compromisso ou uma oportunidade de aquisição, coloque-a em sua lista de projetos.

UMA LISTA DE COISAS A FAZER É ...	*UMA LISTA DE PROJETO É ...*
• Reescrita ou acrescentada várias vezes ao dia.	• Algo que cresce lentamente e não sofre acréscimos diariamente.
• Preenchida com itens sucintos.	• Preenchida com tafefas demoradas, maiores.
• Colocada em sua mesa para consulta rápida.	• Sempre colocada na parede como lembrete.

ACOMPANHAMENTO DE TAREFAS DELEGADAS

Se você delega tarefas regularmente e, por isto, precisa lembrar a quem pediu para fazer o quê e para quando, um instrumento de acompanhamento para o trabalho assinado por outros pode ser útil. Este formulário de monitoramento de projeto é um dos pedaços de papel que podem e devem permanecer em sua mesa.

A coluna do título da tarefa requer apenas informações suficientes para que você entenda a atribuição. A coluna *Delegado para* deve ter apenas o primeiro nome ou as iniciais da pessoa para reconhecimento rápido e fácil. O prazo dado e a data prevista são a chave para estar à frente do trabalho. Preencher estes dados quando uma tarefa é dada remove qualquer ambigüidade de sua parte e das pessoas envolvidas. A data de verificação do *status* refere-se a uma data ou datas na(s) qual(is) você quer ser informado do progresso do trabalho. Isto lhe permite saber que a atribuição não foi esquecida pelas outras pessoas e elimina sua necessidade de perguntar a elas todos os dias "como as coisas estão indo?".

A coluna de comentários finais lhe permite fazer anotações sobre o desempenho do trabalho – se foi recebido no tempo previsto, mais cedo ou mais tarde; o quão completo ele está; e outras informações relevantes. Mais tarde, você poderá consultar estas anotações para escrever a revisão do desempenho, o que lhe poupará tempo e lhe fornecerá informações precisas do desempenho à medida que o trabalho é desenvolvido, pois a revisão estará baseada na história do desempenho e não em sua memória.

Ao usar este formulário, preencha todas as linhas antes de passar para outra página. Não use folhas separadas para cada pessoa. Fica muito confuso. Sendo muitas das tarefas delegadas do conhecimento de outros membros da equipe, você pode divulgar os dados se achar conveniente. Isto ajuda todos a entender o trabalho dos outros. (Não preencha a coluna Comentários se você tiver a intenção de divulgar o formulário.)

FORMULÁRIO DE MONITORAMENTO DE PROJETO →

ACOMPANHAMENTO DE TAREFAS DELEGADAS (continuação)

Formulário de Monitoramento do Projeto

Título da Tarefa	Delegada a	Data estabelecida	Verificação do *status*	Data prevista	Comentários
Três ofertas no sistema de telefonia	Bob C.	15/2	3/3	1/4	O projeto acabou mais cedo; trabalho consumado, boas recomendações.
Entrevistar vendedores para treinamento	Ann T.	1/3	15/4 10/5	15/6	Projeto uma semana atrasado devido a doença, boa tabela de decisões, apreciamos a oportunidade.

© 1989 Time Management Systems

O formulário de monitoramento de projeto lhe dá liberdade para guardar os papéis relacionados a um projeto e não se preocupar que estando longe dos olhos estejam esquecidos. Você tem três opções para arquivar os documentos e informações sobre o projeto.

1. A primeira e melhor opção para arquivar é sempre colocar juntos materiais relacionados ao mesmo assunto.

2. Se não houver um arquivo existente para um novo projeto e se você delegar tarefas regularmente para as mesmas pessoas, deve acrescentar arquivos à sua gaveta pessoal que tragam os nomes das pessoas para quem delega regularmente. Todas as informações e projetos que as envolver devem permanecer arquivados lá até que o projeto esteja finalizado.

3. A opção final para escolher onde estes papéis podem ficar é em um arquivo de apontamento a ser finalizado um dia antes da data de verificação do *status* ou da data prevista.

RESUMO

A superfície de sua mesa deve ficar livre da bagunça para lhe permitir trabalhar eficientemente. Para esclarecer isto:

Gerenciando sua Mesa

1. Mova todos os arquivos para seus locais apropriados.

2. Dê uma olhada nos materiais que vão para outras pessoas, para arquivos ou depósitos.

3. Leia superficialmente os itens e decida. Se for guardá-los, arquive-os imediatamente com outros materiais relacionados.

4. Ao guardar coisas, faça uma anotação em sua:

    a) Agenda.

    b) Lista de Coisas a Fazer.

    c) Lista de Projetos.

5. Use um Formulário de Monitoramento de Projeto para acompanhar as tarefas delegadas.

SEÇÃO 7

Removendo as Pilhas

IMPEDINDO PERDAS

Até agora, você guardou todas as pastas de arquivos, distribuiu itens a terceiros e decidiu quais itens de leitura salvar. Agora, volte à superfície de sua mesa. O que restou?

➤ **Papéis perdidos indicando projetos ou atribuições de longo prazo** – É fácil lidar com isto. Se o papel estiver relacionado ao assunto de um arquivo já existente, guarde-o agora. Se não houver um arquivo e o projeto for crescer, então abra um arquivo agora. Faça uma anotação sobre o seu próximo passo em sua agenda ou na lista de projetos.

➤ **A pilha de itens que está esperando por outras pessoas decidirem** – Isto é resolvido de duas formas:

- Se a ligação ou fax de retorno forem acontecer antes do fim do dia e você for finalizar seu trabalho com o item, então este pode permanecer na sua mesa.

- Se, entretanto, a resposta não for rápida, o item tiver sido desconsiderado por um tempo ou, depois que a informação esperada tiver chegado, for necessário mais esforço de sua parte, então faça uma nota na lista de coisas a fazer e coloque o restante dos papéis no arquivo. (*Lembre-se*: arquive na categoria mais abrangente possível.)

➤ **Inúmeros pequenos pedaços de papel** – Jogue alguns fora, é claro. Anote todos os apontamentos em sua agenda. Coloque na sua lista de coisas a fazer aquelas tarefas que podem ser realizadas nos próximos dias. Transfira notas sobre trabalhos assinados por outros para o formulário de monitoramento de projeto. No futuro, faça anotações no local adequado inicialmente, por exemplo: na capa interna da pasta do arquivo, embaixo da correspondência do cliente ou num formulário interno. Acabe com o hábito de escrever em diversos pedaços de papel.

➤ **Coisas que você não sabe mais o que fazer, mas considera interessante de qualquer forma** – Na seção administrativa da gaveta de sua mesa, onde há arquivos com informações da empresa, benefícios, anotações de reuniões, o plano operacional anual etc., você deve ter um arquivo com seu nome. É onde você coloca coisas que só dizem respeito a você. Isto deveria incluir as evoluções de sua *performance*, seu resumo, a receita dos *cookies* de Mrs. Field, o poema escrito por sua sobrinha, um *cartoon*, as cópias do artigo que escreveu para o jornal local, cardápios de restaurantes, etc. Tíquetes para um evento do qual participará devem ser postos lá, com uma nota em sua agenda sobre a data do evento. Seja cauteloso para que seu arquivo pessoal não cresça de forma desordenada e transforme-se em um arquivo bagunçado ou cheio de trapos. Da mesma forma que fez com outros arquivos, jogue fora regularmente o material desatualizado.

IMPEDINDO PERDAS (continuação)

▶ **Uma pilha de papéis pendentes aguardando sua decisão** – Este pode ser o maior desafio. Se não puder tomar uma decisão por precisar realmente esperar, estes papéis podem ser colocados em um arquivo de apontamentos. Se o número de itens nesta categoria for pequeno, digamos três ou quatro, não há razão para definir um sistema de apontamento inteiro. Simplesmente coloque estes itens num arquivo intitulado Próxima Semana. O restante dos papéis está simplesmente esperando por uma decisão sua. Não há informação adicional requisitada. Você está numa encruzilhada. Se não decidir agora, irá criar uma pilha de pendências. Se decidir e guardá-los penderá para outro lado e estará claramente no caminho de uma organização melhor.

Arquivos de Apontamentos

Estes são arquivos que lhe oferecem lembretes do que precisa ser feito em dias específicos. Estes arquivos são particularmente úteis em trabalhos em que há um grande volume de atividades de acompanhamento que deve ser feito em datas específicas. Situações beneficiadas por arquivos de apontamentos incluem posições de venda, funções ligadas à contabilidade e pagamento de contas e agências de seguro, as quais devem manter um acompanhamento das reformas políticas.

Para estabelecer um arquivo de apontamentos, defina uma série de arquivos numerados de 1 a 31. Acrescente 12 arquivos nomeados Janeiro até Dezembro. Qualquer item estabelecido em uma data neste mês deverá ser arquivado na data específica. Qualquer fato relacionado a meses posteriores deve ser arquivado no mês adequado.

No final de cada mês, pegue o arquivo do mês e distribua os itens em seus arquivos específicos. Um item relacionado a 5 de setembro deverá ficar no arquivo Setembro até o final de agosto. Em 1 de setembro, pegue todos os itens de setembro e os coloque, adequadamente, nos devidos dias do mês corrente.

Este é um sistema excelente se você tiver um grande volume de itens para acompanhar. Mas o arquivo de apontamentos só funciona se você o verificar *todos os dias*. Se esta for sua primeira ação do dia, manejará melhor seu tempo e evitará que algo importante lhe escape por não ter sido detectado.

O Arquivo Próxima Semana

Se não tiver muitos itens, então um arquivo de apontamentos pode ser muito complexo. Em vez disso, nomeie um arquivo Próxima Semana e coloque nele todos os itens futuros.

- Não tenha arquivos por assuntos abrangentes.

- Existem eventos antigos que não têm suas próprias pastas.

Para acesso fácil, coloque este arquivo na parte da frente de sua gaveta de arquivos. No começo de cada semana, reveja os itens e coloque aqueles que for iniciar na lista de coisas a fazer. Arquivo intitulado Próxima Semana não deve ser um depósito ou local para coisas ainda não decididas. Quando se perguntar qual segunda-feira é, ou se o arquivo ficar espesso com todos aqueles papéis, então você não está usando o arquivo Próxima Semana de forma efetiva. Jogue fora e organize o material regularmente.

Sobras

Volte e examine as duas últimas seções. Você moveu a maior parte do que estava espalhado. Restou alguma coisa que não parece se encaixar em lugar nenhum? Aqui há alguns itens variados e locais de armazenamento recomendados.

ITEM	LOCALIZAÇÃO
Manuais de instrução	Crie um arquivo para *todas* as instruções de equipamentos.
Materiais extras de escritório	Armário ou de volta para estoque.
Fotos...	Pendurado na parede ou levar para casa
Formulários: Reembolso de taxa escolar / Processamento de texto / Fornecimento de pedidos / *Invoices*	Crie um arquivo de Formulários. Separe os diferentes tipos de formulários que usa com etiquetas. Coloque na seção administrativa de seus arquivos de trabalho.
Provérbios ou citações	No máximo dois por parede. Jogue fora outros ou coloque no arquivo pessoal. (Cuidado com a bagunça visual.)
Materiais promocionais de sua empresa	Pesos de papéis, relógios etc. Guarde no armário e reveze quando novos chegarem.

MANTENDO SUA ORGANIZAÇÃO

Parte 1: Mantenha as Pilhas Longe

Agora que trabalhou duro para se organizar, deve evitar formar novas pilhas. É vital que você mantenha seus novos e bons hábitos. Para ficar a cargo dos papéis diários que se acumularão, você tem três opções:

1. **Ao final de cada dia**, gaste 15 minutos e limpe a superfície de sua mesa. Esta é a melhor maneira de se manter à frente. É fácil lidar com a acumulação de um dia.

2. **Gaste 30 minutos** duas vezes por semana para limpar a sua mesa. De outra forma, você passará dias em sua mesa e não irá tirar uns poucos minutos para limpá-la. Lembre-se de como as pilhas crescem rápido.

3. **Toda sexta-feira** limpe sua mesa para começar uma nova semana livre. Esta pode ser uma maneira perigosa de se trabalhar, porque a acumulação de cinco dias pode ser significante. Entretanto, se voltar de uma reunião às 16 horas na segunda-feira, for ficar fora do escritório na terça e na quarta, permanecer no escritório na quinta por uma hora e meia e depois retornar só na próxima quinta, o processamento de papéis uma vez por semana é sua única opção.

Parte 2: Estabeleça Bons Hábitos de Gerenciamento de Papéis

▶ Decida agora. Pergunte-se três coisas ao pegar um papel:

   1. A que se refere?

   2. Em que categoria deve ser posto?

   3. Qual o próximo passo a ser tomado?

▶ Jogue fora ou recicle o máximo que puder.

▶ Seja seletivo sobre o que guardar.

▶ Processe cada item assim que chegar. Não deixe que as pilhas se multipliquem.

▶ Guarde as coisas. Sempre arquive as coisas rapidamente.

▶ Guarde o mínimo de papéis perdidos possível. Não guarde notas em pequenos pedaços de papel.

▶ Tire um tempo diariamente para lidar com os papéis de trabalho.

▶ Se guardar algo, e precisar se lembrar do próximo passo, anote em sua agenda, na lista de coisas a fazer ou na lista de projetos.

SEÇÃO 8

Gerenciando sua Correspondência e sua Leitura

CLASSIFICANDO A CORRESPONDÊNCIA QUE CHEGA

Tanto os documentos internos quanto os externos que chegam merecem especial atenção. Enquanto estiver em sua caixa de correspondência, pequeno compartimento de distribuição central e área de captação, faça uma seleção inicial. Jogue fora ou recicle o máximo que puder antes de retornar à sua mesa. É hora de ser impiedoso. A maior parte da correspondência secundária é inútil. O quão provavelmente precisará desta informação?

O restante deve ser classificado em divisões lógicas. Você tem duas opções para classificar a correspondência que chega: (1) por prioridade, e (2) por ação.

Classificando por Prioridade

Divida seus documentos que chegam em pastas A, B, C e D.

➤ A itens que têm alto valor e devem ser feitos hoje.

➤ B itens que também possuem alto valor mas podem aguardar mais um tempo, geralmente três ou quatro dias.

➤ C itens menos importantes. Eles podem ou não ter um *deadline*. Alguns desses itens você vai fazer e outros podem ser dados a terceiros para serem realizados. Outros terão uma morte natural.

➤ D itens a serem arquivados ou distribuídos.

Dividir por prioridade lhe informa quais os itens mais importantes. Estes quatro grupos de documentos são então integrados ao seu esquema de trabalho. Os itens A serão finalizados até o fim do dia (algumas vezes antes da noite). Os itens B são os próximos a serem trabalhados e os C, conforme for possível. O quarto grupo, o D, é distribuído ou delegado imediatamente. Este sistema é bastante útil para trabalhos que têm uma alta percentagem de tarefas que necessitam de um rápido retorno e são sensíveis ao tempo.

CLASSIFICANDO A CORRESPONDÊNCIA QUE CHEGA (continuação)

Classificando por Ação

Colocar *itens afins juntos* funciona bem como as correspondências que chegam. Todos os itens que requererem o mesmo tipo de resposta podem ser classificados e colocados juntos. Possíveis divisões incluem:

- Escrever ou ditar uma resposta. (Primeiro esboço de uma proposta, resposta a uma reclamação, dispensa, resumo de *case*.)

- Assinar. (Cheques, cartões de ponto, comprovantes de despesas, cópias finais de correspondências.)

- A fazer hoje. (Todos os itens que não tiverem um arquivo por assunto e que definitivamente serão completados até o fim do dia.)

- Pesquisa. (Grandes projetos, história de uma situação, uma questão a discutir com outras pessoas.)

Se você tiver um assistente que lida com sua correspondência primeiro, este processo de classificação deve ser feito antes de você recebê-la. Uma vez que a decisão inicial tiver sido tomada, sempre que você mexer naquele arquivo saberá qual tipo de ação será preciso depois.

Você deve integrar estes quatro grupos de documentos em seu esquema. O grupo de escrita ou ditado irá requisitar alguma concentração e tempo. Os itens A Assinar podem ser feitos no decorrer de outras atividades ou enquanto fala ao telefone. Os itens A Fazer Hoje são adicionados à Lista de Coisas a Fazer e trabalhados de acordo com sua prioridade. Os itens da pilha de pesquisa sempre se transformam em projetos e, portanto, ganham uma pasta de arquivo e uma anotação em sua Lista de Projetos.

A vantagem de classificar sua correspondência que chega imediatamente, seja por prioridade ou por ação, é que você tomou uma decisão firme e agora sabe o que seus dias esperam. Seja qual for o sistema de classificação que escolher, não deve haver necessidade de mexer no arquivo novamente até que você esteja pronto para completar o trabalho.

Lista de Verificação da Classificação da Correspondência que Chega

✓ Jogue fora ou recicle o máximo que puder antes de levar as correspondências para sua mesa.

✓ Tome uma decisão firme, imediatamente, sobre o restante.

✓ Divida a correspondência em categorias por *prioridade* ou por *ação*.

✓ Uma vez classificada a correspondência, mexa no arquivo somente quando estiver pronto para trabalhar os itens que ele contém.

GERENCIANDO A LEITURA

Após pôr de lado os itens *A Ler* durante o processo de classificação, você ainda está às voltas com revistas, jornais profissionais, Relatórios Informativos etc. Isto pode crescer rápido em sua gaveta de leitura, formar uma cascata ao lado da mesa e finalmente terminar em pilhas e caixas. Muita informação interessante está disponível, facilitando a acumulação. Avalie as publicações que receber perguntando: "O que aconteceria se eu não recebesse isto? O quanto isto oferece algo de uso genuíno, não apenas interessante? Quais periódicos eu realmente leio que oferecem a mais útil informação da melhor maneira?"

Há boas e más notícias para esta história. As más é que se isto tiver ficado fora de controle por um tempo, não há jeito, peça um período de licença, e será capaz de ler tudo o que estiver acumulado. Se tiver sido acumulado por seis meses ou mais, jogue fora. A despeito do medo de não ter tido acesso às últimas informações, a verdade é que você sobreviveu muito bem até agora sem elas. Se ficar muito velho, quando conseguir tempo para ler isto, já fará parte da História. Pilhas de leitura não envelhecem graciosamente. Não têm nenhum propósito permanecendo sem leitura, acumulando poeira e fazendo você se sentir culpado.

As boas notícias é que pode ler *alguns* deles. Há uma forma de baixar as pilhas de leitura e permanecer em sintonia com os eventos-chave de seu ramo. Quando for classificar seu arquivo de leitura, deve tomar decisões sobre (a) o quão freqüentemente lerá isto, e (b) o quão importante esta informação é.

Há quatro ações que você pode tomar quando processa pilhas de leitura.

1. Arquive a informação com material relacionado, não lido.

2. Leia isto e o arquive com informação relacionada.

3. Envie para alguém mais.

4. Jogue fora.

1. Arquive as Informações com Material Relacionado, Não Lido

Se você demora muito a ler um material em profundidade quando ele cruza pela primeira vez a sua mesa, então, à medida que classificar sua caixa de entrada, dê uma olhada, recorde e arquive. Coloque o máximo de material de leitura com o material que lhe estiver relacionado imediatamente.

Exemplo: Na última reunião de equipe, um novo projeto sobre o estabelecimento de um horário flexível de trabalho foi discutido. Haverá uma infinidade de documentos chegando até você nos próximos dois ou três meses à medida que este projeto tomar forma. Quando você notar um artigo na *Harvard Business Review* sobre como as três maiores firmas de engenharia implementaram o horário flexível, recorte-o e coloque-o imediatamente no arquivo. Quando tiver juntado todas as informações e estiver pronto para escrever um relatório, *então* tire um tempo para ler o arquivo inteiro. Muitos dos seus itens de leitura podem esperar para serem lidos seguramente desta maneira.

2. Leia e Arquive com Informações Relacionadas

Se a quantidade do material a ser lido for pouca, então leia-o e decida (a) de que trata e (b) qual o melhor lugar para arquivá-lo. Se o lugar apropriado for um dos arquivos em sua mesa, guarde-o imediatamente. Se o arquivo for fora de sua área de trabalho, coloque o material na caixa de saída e arquive-o quando distribuir os itens dela.

3. Envie para Alguém mais

Itens enviados, relatórios e catálogos geralmente são mandados à pessoa errada. Quando isto ocorrer, identifique a pessoa correta que pode precisar da informação e lhe envie. (Enviar não significa sobrecarregar alguém ou intencionalmente delegar trabalhos que você deveria estar fazendo.)

4. Jogue Fora

É claro, a maioria dos papéis deve ser jogada fora.

DICAS DE LEITURA →

GERENCIANDO A LEITURA (continuação)

Dicas de Leitura

- Quando estiver lendo, é recomendável destacar passagens do texto. Isto o ajuda quando estiver relendo a informação depois e é útil para os que lerem o material depois de você (talvez sob sua recomendação).

- Uma variação disso é ter sua secretária, assistente ou colega tendo o hábito de rever informações para você e marcar o que for mais importante.

- Recorte artigos, anote a fonte e jogue o restante do periódico fora. Não leia um artigo interessante e deixe-o de lado, prometendo recortá-lo depois. Isto produz duas pilhas – a pilha de leitura de original e outra pilha contendo coisas que você sabe que tem de guardar, mas agora tem de reler para relembrar por que guardou a revista inicialmente.

- Tire 30 minutos, pelo menos duas vezes na semana, para ler. Anote isto em sua agenda se você necessitar de um lembrete.

Infelizmente, nunca o telefone deixará de tocar, ou você estará inteiramente livre, ou não haverá reuniões à tarde, ou você terá três ou quatro horas somente para ler. A despeito de estar ocupado, tire um tempo e faça isto. Você pode ter mais a ler do que uma hora por semana pode suportar. Entretanto, é melhor ler um pouco do que nada. Este tempo extra, enquanto espera por um compromisso, quando estiver viajando e durante compensações, ajudará a gerenciar sua pilha de leitura. Se puder ler 30 minutos *todos* os dias, será ainda melhor.

Dica: Como diz a reportagem na revista *INC.*, de agosto de 1988, Stew Leonard, dono da maior loja de laticínios, apareceu com uma solução para ficar em dia com esta volumosa lista de leitura de livros de negócios. À medida que ia lendo textos úteis, sublinhava passagens e fazia anotações nas margens. Quando Leonard acabava a leitura, sua secretária digitava tudo marcado e o resultado era um resumo de 20 ou 30 páginas. Isto é melhor do que qualquer coisa que comprasse. Porque personalizou isto para seu negócio, ele não precisava reler um livro de 300 páginas e sua equipe estava mais propensa a ler o resumo do que o livro inteiro.

SEÇÃO 9

Rápida Revisão, Gráficos e Listas de Verificação

REVISÃO: TORNANDO-SE ORGANIZADO DE "A" A "Z"

Iniciando

O que fazer:

Passo 1: Lembre-se, não é possível fazer tudo de uma vez.

Passo 2: Comece devagar, uma gaveta ou prateleira por vez.

Passo 3: Quando ficar cansado, pare.

Coisas a lembrar:

- Defina seus objetivos para este projeto.
- Tenha conhecimento de seu progresso à medida que trabalhar.
- Comece organizando as áreas mais afastadas de sua mesa principal.

As Estantes

O que fazer:

Passo 1: *Reduza* o máximo que puder jogando fora ou reciclando.

Passo 2: *Atribua* itens a outras pessoas, quando possível.

Passo 3: *Reorganize* os itens restantes.

Coisas a lembrar:

- Coloque *itens afins juntos*.
- Coloque itens volumosos em pastas.
- Nomeie todas as pastas.

REVISÃO: TORNANDO-SE ORGANIZADO DE "A" A "Z" (continuação)

O Armário

O que fazer:

Passo 1: Esvazie uma gaveta de cada vez, jogue fora ou leve os itens em excesso para o depósito.

Passo 2: Coloque os equipamentos menos usados na parte de dentro.

Passo 3: Verifique se os manuais atualizados e de referência apropriada estão colocados nas prateleiras.

Coisas a lembrar:

- Espere para lidar com a gaveta de arquivo até que todas as outras estejam finalizadas.

- Certifique-se de arrumar tudo no armário. Não deixe a bagunça morar lá.

As Gavetas de sua Mesa

O que fazer:

Passo 1: Reorganize itens, colocando *o que for afim junto*.

Passo 2: Limite seus itens pessoais a uma gaveta.

Passo 3: Coloque qualquer trabalho a fazer na superfície de sua mesa para processamento imediato.

Coisas a lembrar:

- Leve suas tralhas em excesso para casa.

- Apenas itens de uso freqüente devem ficar próximos a você.

As Gavetas de Arquivo

O que fazer:

Passo 1: Classifique os arquivos pela freqüência de uso. Quanto menos os usar, mais longe devem ficar.

Passo 2: Nomeie todos os arquivos.

Passo 3: Limpe todos os itens de arquivos individuais, mantendo apenas as informações importantes.

Coisas a lembrar:

- Só porque você herdou os arquivos no seu local de trabalho não significa que eles devam permanecer ali.

- Arquivos mais volumosos são melhores dos que os finos. Junte informações relacionadas.

Limpando suas Superfícies de Trabalho

O que fazer:

Passo 1: Comece com uma pilha de papéis e classifique de cima para baixo.

Passo 2: Arquive itens com materiais relacionados.

Passo 3: Guarde o trabalho finalizado.

Passo 4: Coloque os projetos ou tarefas mais "quentes" na sua mesa principal.

Coisas a lembrar:

- Separe itens de leitura.

- Não embaralhe coisas sobre as quais não tem certeza, decida agora.

REVISÃO: TORNANDO-SE ORGANIZADO DE "A" A "Z" (continuação)

Diretrizes de Arquivamento

O que fazer:

Passo 1: Preocupe-se com os arquivos em sua mesa e armário.

Passo 2: Decida quais destes arquivos devem ficar bem próximos e acessíveis.

Passo 3: Crie arquivos de trabalho para projetos atuais e atividades administrativas.

Passo 4: Renomeie, onde necessário, mantendo títulos abrangentes em mente.

Passo 5: Remova arquivos para seus locais apropriados imediatamente após o uso.

Princípios de Arquivamento

O que fazer:

Passo 1: Arquive papéis na categoria mais abrangente possível.

Passo 2: Nomeie os arquivos. Raramente, ou nunca, comece com uma data, número ou adjetivo.

Passo 3: Coloque em ordem alfabética.

Passo 4: Arquive artigos por assunto.

Passo 5: Use código colorido onde necessário.

Coisas a lembrar:

- Seus arquivos devem ser de fácil uso e reduzir as escolhas de onde um documento deve ficar.

- Quando adicionar informação, coloque as mais atuais na parte da frente da pasta de arquivo.

- Use seu arquivo pessoal para itens variados que só interessem a você.

- Use apenas títulos alfabéticos e por assunto para seus arquivos pessoais.

A Superfície de sua Mesa

O que fazer:

Passo 1: Mova todos os arquivos para seus locais apropriados.

Passo 2: Distribua todos os materiais que vão para terceiros, serão arquivados ou estocados.

Passo 3: Dê uma olhada nos itens e decida. Se resolver mantê-los, arquive-os imediatamente com outros materiais relacionados.

Passo 4: Quando guardar coisas, faça uma nota em sua lista de coisas a fazer, lista de projetos ou agenda.

Passo 5: Use um formulário de monitoramento de projeto para ficar a cargo de projetos delegados.

Coisas a lembrar:

- Decisões podem se tornar difíceis mas não impossíveis.

- Use uma caixa de saída e limpe o seu conteúdo pelo menos uma vez ao dia.

- Veja os arquivos em sua gaveta da mesa como tão importantes quanto seu telefone, computador ou instrumentos de escrita: eles devem atender às suas necessidades.

Mantendo sua Organização

O que fazer:

Passo 1: Limpe sua mesa no final de cada dia.

Passo 2: Seja seletivo sobre o que manter.

Passo 3: Jogue coisas fora, rearquive rapidamente.

Coisas a lembrar:

- Processe cada pedaço de papel tão rápido quanto ele chegar até você.

- Anote onde eles pertencem inicialmente, não em pedaços de papéis aleatórios.

REVISÃO: LIMPANDO A SUPERFÍCIE DE SUA MESA

ITEM	OBJETIVO	EXEMPLO	LOCALIZAÇÃO
Caixa de Entrada	Uma única localização para colocar os materiais que chegarem e prepará-los para a classificação.	• Correspondência diária • Trabalho da Associação • Novas informações	Em sua mesa
Caixa de Saída	Único local para itens finalizados antes de distribuí-los.	• Resposta a uma carta delegada a Joe • Correspondência em andamento • Documento a digitar	Em sua mesa
Lista de Coisas a Fazer	Uma lista de coisas que você tem a fazer em andamento. Serve como uma ajuda de memória e ajuda a estabelecer prioridades.	• Chamadas telefônicas para retornar • Avaliações a revisar • Cartas a escrever • Tarefas de trabalho a planejar • Esboço do programa	Em sua mesa
Agenda	Diz a você *quando* estará completando ou revisando certos itens. Deve incluir datas previstas para projetos.	• Reuniões futuras e suas localizações • Anotações • Datas de apresentação • Prazos finais inflexíveis	Em sua mesa
Arquivo de Apontamentos	Para itens necessários no futuro que não têm um local permanente em nenhum lugar.	• *Backups* de documentos para encontros futuros • Aplicações por não mais do que seis semanas • Item que começará na semana seguinte	Com uma assistente ou em sua gaveta de arquivos do armário

© 1990 Time Management Systems

ITEM	OBJETIVO	EXEMPLO	LOCALIZAÇÃO
I. Arquivos de Trabalho Projetos atuais	Manter juntos os documentos pertencentes a projetos ativos.	• A proposta de Anderson • Equipes de Investimento em Qualidade • Arquivos de clientes • Seminários futuros	Dentro de sua mesa
II. Arquivos de Trabalho Administrativos	Manter juntos documentos pertencentes a projetos administrativos ou de atividades em andamento.	• Anotações de reuniões de equipes semanais • Idéias de Relatórios Informativos • Descrições de programas • Informações financeiras • Arquivos de vendedores	Dentro de sua mesa
III. Arquivos Ativos Arquivos de pessoas	Dividir informações com uma pessoa com quem você trabalha. Qualquer informação sobre o próximo passo no processo pertence a eles.	• Notas para checar o *status* de respostas • Papéis de trabalho relacionados a um projeto novo delegado • Objetivos de longo prazo de equipes • Idéias a discutir na próxima reunião	Dentro de sua mesa
Cesta de Lixo	Remover imediatamente papéis e encorajar rápidas tomadas de decisão.	• Qualquer coisa que diga "você já pode ter ganho..." • Uma segunda cópia do esboço semifinal da introdução	
Opcional Arquivo de leitura	Manter itens para revisão fora da mesa, mas não esquecidos.	• Jornais e revistas • Relatórios Informativos de vendedores • Artigos	Na gaveta do armário

MANTENHA A BAGUNÇA LONGE PERMANENTEMENTE

➤ Decida imediatamente. Comprometa-se a tomar decisões agora sobre o que fazer com cada pedaço de papel.

➤ Pergunte-se: "Realmente preciso disto?" Se precisar, arquive o documento na categoria mais ampla a que ele se refere.

➤ Se possível, lide com o papel apenas uma vez. Quando não for possível, cada vez que mexer num pedaço de papel dê mais um passo para completar o processo.

➤ Não deixe papéis de lado para decidir o que fazer com eles mais tarde. Se precisar esperar por uma decisão, coloque-os no arquivo de apontamentos para retornar a eles em uma semana. Depois disso, tome uma decisão.

➤ Gaste 15 minutos, duas vezes ao dia, limpando sua caixa de entrada. Não a deixe se tornar numa bandeja velha de adiamentos.

➤ Limpe a superfície de sua mesa no final do dia. Isto completa o dia de trabalho, cria um espaço limpo para você na manhã seguinte e dá um basta no crescimento de pilhas de papéis.

➤ Seja realista sobre a quantidade de informações que você pode ler e absorver. Limite o número de subscrições e recorte os artigos assim que acabar de lê-los. Jogue o resto dos periódicos fora ou recicle-o.

➤ Mantenha o seu minissistema de organização e arquivamento simples, fácil e lógico. Resista ao desejo de definir um minissistema decimal Dewey ou criar algum sistema mítico "perfeito".

➤ Jogue fora seus papéis. Fazer isto duas vezes ao ano manterá o volume baixo. Sempre que um arquivo se modificar de ativo para inativo, tire um tempo para remover notas sem importância, rascunhos e informações não-essenciais.

➤ Acabe com o hábito de anotar coisas em numerosos pedaços de papéis. Anote nos locais apropriados da primeira vez.

➤ Classifique correspondências que chegarem em categorias – por prioridade ou por ação.

LISTA DE VERIFICAÇÃO: MONITORE SEU PROGRESSO

Após finalizar seu projeto de reorganização, verifique se está mantendo seus bons hábitos. Uma vez ao mês, por três meses, e depois a cada três meses e daí por diante, faça uma anotação em sua agenda para monitorar seu progresso. Particularmente se trocar localizações, mudar trabalhos ou experimentar uma crise que interrompa o seu fluxo normal de trabalho, certifique-se de consultar esta lista de verificação.

1. Você tem pedaços de papéis espalhados em sua mesa?

☐ Sempre ☐ Às Vezes ☐ Nunca

2. Você limpa a sua mesa no final de cada dia?

☐ Sempre ☐ Às Vezes ☐ Nunca

3. Você classifica sua correspondência com a cesta de lixo próxima a você?

☐ Sempre ☐ Às Vezes ☐ Nunca

4. Você tem mais de uma pilha pendente?

☐ Sempre ☐ Às Vezes ☐ Nunca

5. Você é capaz de recuperar itens de seus arquivos rapidamente?

☐ Sempre ☐ Às Vezes ☐ Nunca

6. Você salva a maioria dos papéis que atravessam sua mesa?

☐ Sempre ☐ Às Vezes ☐ Nunca

7. Você usa regularmente lista de coisas a fazer ou de projetos?

☐ Sempre ☐ Às Vezes ☐ Nunca

LISTA DE VERIFICAÇÃO: MONITORE SEU PROGRESSO (continuação)

8. Você considera adequados os procedimentos de acompanhamento que usa?

☐ **Sempre**   ☐ **Às Vezes**   ☐ **Nunca**

9. Você limpa seus arquivos regularmente?

☐ **Sempre**   ☐ **Às Vezes**   ☐ **Nunca**

10. Você mexe na maioria dos papéis apenas uma vez antes de tomar uma decisão?

☐ **Sempre**   ☐ **Às Vezes**   ☐ **Nunca**

11. A segunda mesa ou sua mesa de trabalho se encontra livre da desordem?

☐ **Sempre**   ☐ **Às Vezes**   ☐ **Nunca**

12. Seus arquivos estão divididos em agrupamentos lógicos ou em ordem alfabética?

☐ **Sempre**   ☐ **Às Vezes**   ☐ **Nunca**

13. Você mantém sua pilha de leitura pequena?

☐ **Sempre**   ☐ **Às Vezes**   ☐ **Nunca**

14. Seu espaço de trabalho é arrumado e confortável para trabalhar?

☐ **Sempre**   ☐ **Às Vezes**   ☐ **Nunca**

© 1991 Time Management Systems

SEÇÃO 10

Um Lembrete de Amigo

UMA PALAVRA FINAL

Quando tiver um sistema de processamento de papéis que precisar de alguma melhoria, ou tiver uma grande quantidade de modificações a fazer, divida-o em pequenas etapas e será rápido. Você realmente exercitou bastante sua mente ao ler este livro. *Organizando seu Local de Trabalho* lhe forneceu as ferramentas e as técnicas de que necessitava. Você não precisa gastar muito dinheiro em "coisas" novas, sistemas, *softwares* ou equipamentos de coordenação colorido. Mantenha seu sistema simples e comece *agora*.

Organização é um processo vivo, dinâmico; à medida que sua situação mudar, também mudarão suas necessidades quanto aos modos de gerenciar seus papéis. Não importa as adaptações que eventualmente você necessite, os princípios básicos permanecerão sempre os mesmos.

1. Jogue fora ou recicle o máximo que puder.

2. Decida imediatamente, não misture papéis.

3. Coloque *itens afins juntos*.

4. Nomeie arquivos e pastas, usando títulos abrangentes, simples.

5. Mantenha perto de você somente as coisas que usa freqüentemente.

6. Ao começar itens, complete-os.

7. Faça um acompanhamento das anotações em *apenas* uma Agenda, Lista de Projetos ou Lista de Coisas a Fazer.

8. Rearquive e recoloque coisas no lugar rapidamente.

9. Mantenha seu sistema simples.

10. Limpe sua mesa no final de cada dia.

UMA PALAVRA FINAL (continuação)

Caso fique ansioso durante o processo de reorganização, entenda que a mudança é emocionalmente difícil. O medo que aparece é normal. Mas não deixe que ele o imobilize. Ser desorganizado é simplesmente um hábito que precisa ser rompido e trocado por um mais efetivo. Direcione-se e experimentará os benefícios de ser organizado.

➤ Mais controle.

➤ Liberdade do caos.

➤ Mais energia.

➤ Liberdade para ser mais criativo.

➤ Admiração de outros.

Sim, você pode se organizar e isto funcionará para você. Você merece um ambiente de trabalho organizado. *Boa sorte!*

BIBLIOGRAFIA

ASCHNER, Katherine. *Taking Control of Your Office Records.* S. L.: G. K. Hall and Company, 1983.

BOOHER, Dianna. *Cutting Paperwork in the Corporate Culture.* New York: Facts on File Publications, 1986.

CULP, Stephanie. *Conquering the Paper Pile-Up.* Cincinnati: Writer's Digest Books, 1990.

DORFF, Pat. *File... Don't Pile!* New York: St. Martin's Press, 1983.

EISENBERG, Ronni, KELLY, Kate. *Organize Yourself!* New York: Collier Books, MacMillan Publishing Company, 1986.

HEMPHILL, Barbara. *Taming the Paper Tiger: Organizing the Paper in Your Life.* Kiplingers, Washington, D.C., 1992.

JOHNSON, Minna M., KALLAUS, Norman F. *Records Management.* S. L.: South-Western Publishing Company, 1988.

LEHMKUHL, Dorothy, LAMPING, Dolores Cotter. *Organizing for the Creative Person.* New York: Crown Trade Paperbacks, 1993.

PAYNE, Marjorie. *The Retention Book.* S. L.: Records Controls, Inc., 1981.

RICKS, Betty R., GOW, Kay F. *Information Resource Management.* S. L.: South-Western Publishing Company, 1988.

SILVER, Susan. *Organized to Be the Best!* Los Angeles, Adams-Hall Publishing, 1989.

WINSTON, Stephanie. *The Organized Executive.* New York: W. W. Norton & Company, 1983.

Notas

Notas

**Entre em sintonia
com o mundo**

QualityPhone:
0800-263311
Ligação gratuita

**Rua Felipe Camarão, 73
20511-010 — Rio de Janeiro — RJ
Tels.: (0XX21) 567-3311/567-3322
Fax.: (0XX21) 204-0687**

**www.qualitymark.com.br
E-Mail: quality@qualitymark.com.br
quality@unisys.com.br**

Formato: 20,5 x 25,5
Mancha: 16,7 x 22
Fonte: Times New Roman
Corpo: 11
Entrelinha: 13
Total de Páginas: 100

Impresso nas oficinas da
SERMOGRAF - ARTES GRÁFICAS E EDITORA LTDA.
Rua São Sebastião, 199 - Petrópolis - RJ
Tel.: (24) 237-3769